今日からFIRE!

おけいどん式

# 40代でも遅くない
# 退職準備&資産形成術

F 道
EYDON

宝島社

# はじめに——第０章

こんにちは。僕は**ブログ『おけいどんの適温生活と投資日記（アーリーリタイア、世界高配当・増配株投資）』**（https://okeydon.hatenablog.com）を運営するおけいどん（アルファベット表記はｏｋｅｙｄｏｎ、漢字は桶井道、ちなみにツイッターは@okeydon）と申します。このたび、僕のアーリーリタイア完了までの道のりと、そのための投資についてお伝えする機会をいただきました。

２０２０年10月、**僕は約25年間のサラリーマン生活を卒業し、それまでの貯金と投資で築き上げた資産約1億円とともに、晴れて「ＦＩＲＥ」を達成**しました。

世の中では「ＦＩＲＥ」というライフスタイルに注目が集まっています。

ＦＩＲＥとは、「**Financial Independence（経済的自立）**」と「**Retire Early（早期退職）**」の頭文字をとった言葉です。

僕なりにＦＩＲＥの意味を説明すると、「まずはお金を貯めて、貯めたお金を投資に回し、

図1

## FIREを達成するための４%ルールとは？

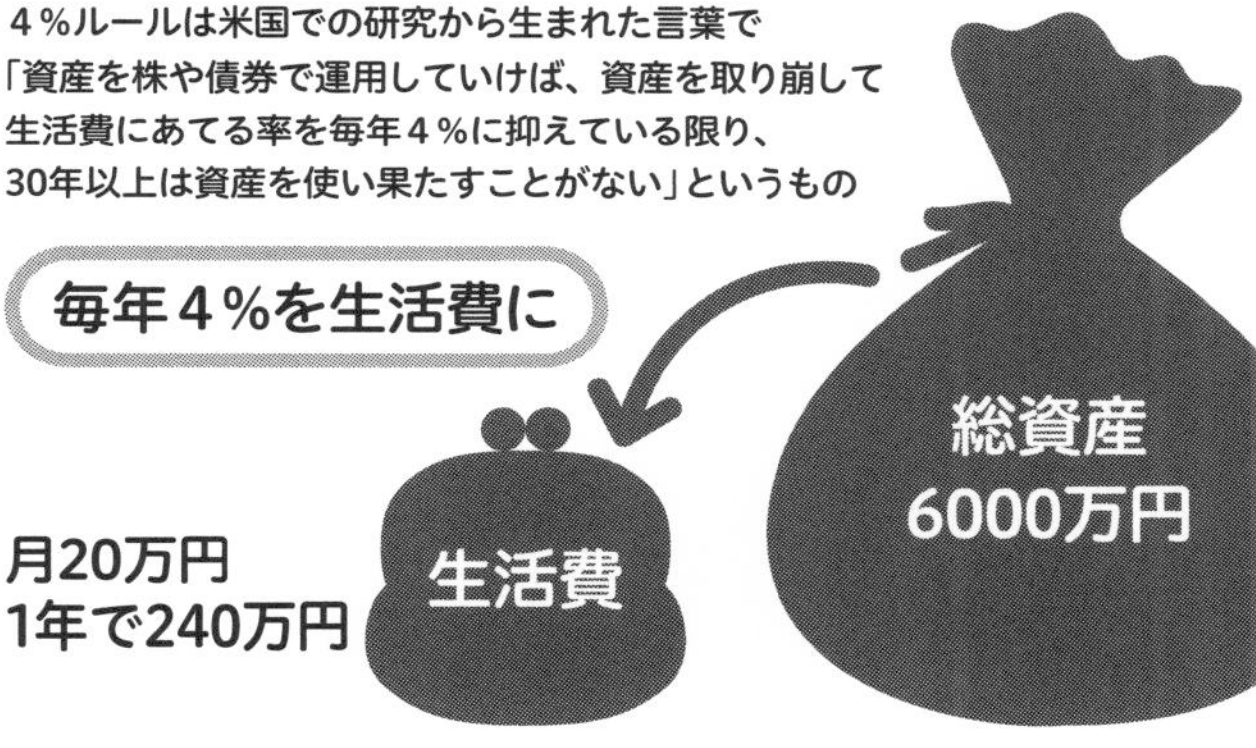
４%ルールは米国での研究から生まれた言葉で
「資産を株や債券で運用していけば、資産を取り崩して
生活費にあてる率を毎年４%に抑えている限り、
30年以上は資産を使い果たすことがない」というもの
毎年４%を生活費に
総資産
6000万円
生活費
月20万円
1年で240万円

お金にお金を稼いでもらう仕組み（＝経済的自立）を作る」。そして、日々の支出を投資の運用益でまかなうメドがついたら「会社を辞めて（＝早期退職）、投資で得られるお金を中心に自由&快適に生きていく」。これを実現した人が「ＦＩＲＥ達成しました！」など宣言するわけです。

　別の言い方としては「会社でこき使われるのは嫌だ」「自分の好きなことだけやって生きていけたらいいのに」「自由気ままに働かないで暮らせたら最高」といった思いを叶えてくれるかもしれないのが「ＦＩＲＥ」です。

　では、ＦＩＲＥを達成するためには？　よくいわれるのが**４%ルール**です。

## 総資産から得られる年率4%の運用益で年間生活費をまかなう

4%ルールは米国のトリニティ大学が発表した金融資産の研究から生まれた言葉です。米国において、資産を株や債券で増やしていけば、**資産を取り崩して生活費にあてる率を毎年4%以下に抑えている限り、30年以上（！）資産が尽きることはない**という検証結果が出ています。

この研究では、総資産の何%を株や債券で持つか、毎年の物価上昇率は何%か、などを細かく設定して、資産を取り崩していく率と破綻しない期間の関係が検証されています。

この4%ルールをヒントに試算してみましょう。たとえば1カ月の出費が20万円、年間240万円で生活している人がいたとします。もし、この人が株や債券などの金融商品で年率4%の運用益を得ることができたら、いったい資産がいくらあれば、一生働かないで暮らしていけるでしょう。答えは、「240万円÷4%」で「6000万円」になります（前ページの**図1**）。

6000万円の総資産があって、その資産を年率4%の利回りで増やすことができれば、毎年、総資産の４％（２４０万円）を生活費に使っても大丈夫という単純な理屈です。出ていくお金と増やすお金が同じなら、元本の６０００万円は増えも減りもしません。

年間２４０万円……つまり毎月20万円で生活できるなら、一切働くことなく、あなたの資産が稼いでくれた〝不労所得〟で一生、自由で快適な生活を送ることができます。

この金額では贅沢三昧とはいきませんが、普通には暮らせることでしょう。元本が減らないので安心感もあります。

どうですか、ＦＩＲＥ？　夢のような生活ではないですか？

しかし、いったん持ち上げてからドスンと落とすようで申し訳ありませんが、僕なら、まずは疑ってかかります。

というのも、僕は「**石橋を叩く**」**だけでなく**「**石橋を叩いて壊して、新しい鉄橋に造り替えてから渡る**」ほど慎重な性格だからです。

実際、今のたとえ話には複数の注意すべきパーツがあって、どのパーツが欠けても、理想的な生活を維持するのは難しくなります。具体的にクリアしなければならないパーツは次のようなものです。

●6000万円という資産を作るための「元手」をどうやって作るのか？（これが一番の大問題です、はい）

●資産から年率4％の運用益をどうやって稼ぎだすのか？

●物価上昇のことも考えると、本当に毎月の出費を一定に抑えたまま、一生、生活できるのか？

●年率4％の投資対象になっていた金融商品の価格が、ある日、大暴落したらどうするのか？

●投資の運用益にかかる税金は大丈夫か？

●健康保険、年金といった、生きていくうえで必要な社会保障に関する費用も考えておくべきではないか？

「確かに！」と思った方は多いのではないでしょうか。ＦＩＲＥという「絵に描いた餅」を本当の餅にするのは簡単なことではないのです。

先ほど〝これが一番の大問題〟と書いた、6000万円という資産を作るための「元手」

について、もう少し説明します。

すでにあなたの銀行口座に1000万円くらいの貯金があるなら話は早いかもしれませんが、そうではない人も多いでしょう。

働いて稼ぐにしても、稼げるお金は人によってバラバラ。稼いだお金を貯めるにしても、貯金が得意な人もいればそうでない人もいるでしょう。

## 会社員の給与は右肩下がり

なるべくたくさん稼いで、稼ぎの中からできる限り多くのお金を貯めるに越したことはありませんが、会社員の給与は高くないという〝現実〟があります。

国税庁によると、2019年の民間給与所得者、すなわち会社員の平均給与は前年比1%減の436万円。次ページの**図2**に示したように、バブル崩壊後に一番高かった1997年の467万円以降、右肩下がりが続いてきました。

2013年から始まったアベノミクスの好景気で少し上向きましたが、依然として約20年前（2000年・461万円）の水準を下回っているのです。

図2

## 会社員の平均給与の推移

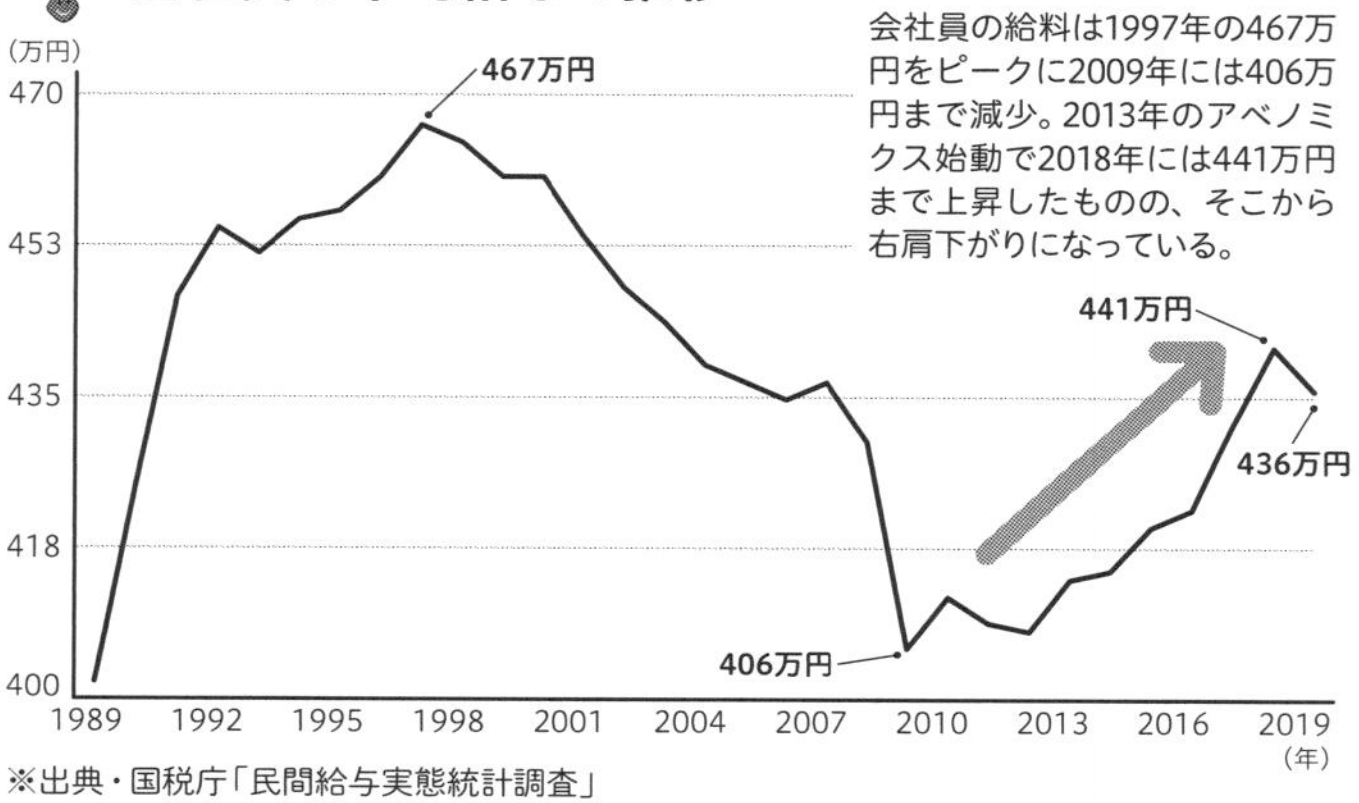

会社員の給料は1997年の467万円をピークに2009年には406万円まで減少。2013年のアベノミクス始動で2018年には441万円まで上昇したものの、そこから右肩下がりになっている。

※出典・国税庁「民間給与実態統計調査」

そう考えると、ＦＩＲＥに必要不可欠な元手を作るためには、単に自らの労働と貯金だけでは、寝る間を惜しんでがんばっても難しいという結論になってしまいます。

**元手作りの段階から、お金が勝手にお金を稼いでくれる投資を使って増やす以外に方法はありません。**

メガバンクの普通預金金利が年率0・001％という笑い話のような低金利が続いている以上、できるだけ早い段階から投資に目覚めることがＦＩＲＥ達成の条件になります。

基本的な知識ですが、投資では日本の株式や投資信託の場合で利益から約20％の税金が差し引かれることも覚えておきましょう。

サラリーマン生活を送っているうちは給与から天引きされるので気づきにくいかもしれませんが、会社を辞めても健康保険や公的年金などの社会保険費用はしっかりかかる点も忘れないでください。

正社員なら保険や年金は会社が半額を補助しているケースが多いですが、アーリリタイア後はその補助もなくなります。

年金に関しては、少子高齢化の影響で、65歳からもらえる公的年金の額が減額されたり、受給開始が70歳、75歳まで先延ばしになる可能性も十分にあります（現状でも、60〜70歳までの間で繰り上げ・繰り下げ受給が選べるようになっています）。

**税金・社会保険・年金もまた、FIRE達成後の生活を快適に維持するうえで欠かせないポイント**なのです。

あなたが毎月20万円で悠々自適に暮らせるタイプの人だとしても、人生何が起こるかわかりませんから、「まさか」のための予備資金も必要になります。4％ルールから逆算して必要になる総資産だけではなく、いざというときのためのお金もできれば用意しておきたいところです。

## 「支出・元手・運用益・労働・貯金・投資」の歯車を最適化

ＦＩＲＥを達成するためには、「支出」「元手」「運用益」という主要なポイントを自分なりに制御・管理して、そのバランスを自らが設定したゴールに向けて最適化する必要があります。

たとえば手取り年収が年間1億円の人は、毎年１０００万円ムダ遣いしても、９０００万円は貯金できるので、11年働けば、約10億円の元手を築くことができます。その元手を年率１％で回せば、運用益は年間１０００万円。実働11年で一生働かないで暮らしていくことができます。

野球選手やサッカー選手、人気歌手や俳優、上場企業のオーナーじゃないと達成できそうもない、高嶺の花的なＦＩＲＥといえるでしょう。

では、手取り年収４００万円では不可能かというと、そうではありません。実家や、都心より生活費の安い地域での暮らしをして、毎月の生活費を月10万円に切り詰めれば、年間の貯金額は２８０万円になります。

この280万円を、働いた当初からすべて投資に回して、年率3％の利回りで複利運用できたとしましょう。

月10万円、年間120万円の生活費を運用益だけで生み出すには「120万円÷3％」で「4000万円」の元手が必要ですが、収入を得た当初から3％の複利運用と毎年280万円の追加投資を行えば、労働開始から13年目で総資産は4373万円を超えます（次ページの**図3**）。

つまり1年で稼げるお金が400万円でも、支出を毎月10万円までに抑えて投資に励めば、13年以内の早期FIRE達成も夢ではないのです。

もちろん、月々10万円で暮らすことは、実家暮らしや自給自足のできる地域での暮らし（この場合は定期収入の確保も課題になります）、またはよっぽどの清貧ミニマリストタイプでないと難しいでしょう。

**自分ならどれぐらいの収入、支出、運用益を維持できるのかを具体的に考えてみてください**。その計画なしにはゴールを目指せません。

収入に関しては、現在自分が稼ぐことができる金額はいくらなのか、改めて確認してく

図3

## 年収400万円、年間支出120万円でのFIREシミュレーション

**支出を月10万円に切り詰め、
年率３％の複利運用を行えば
年収400万円でもたった13年でFIRE達成！**

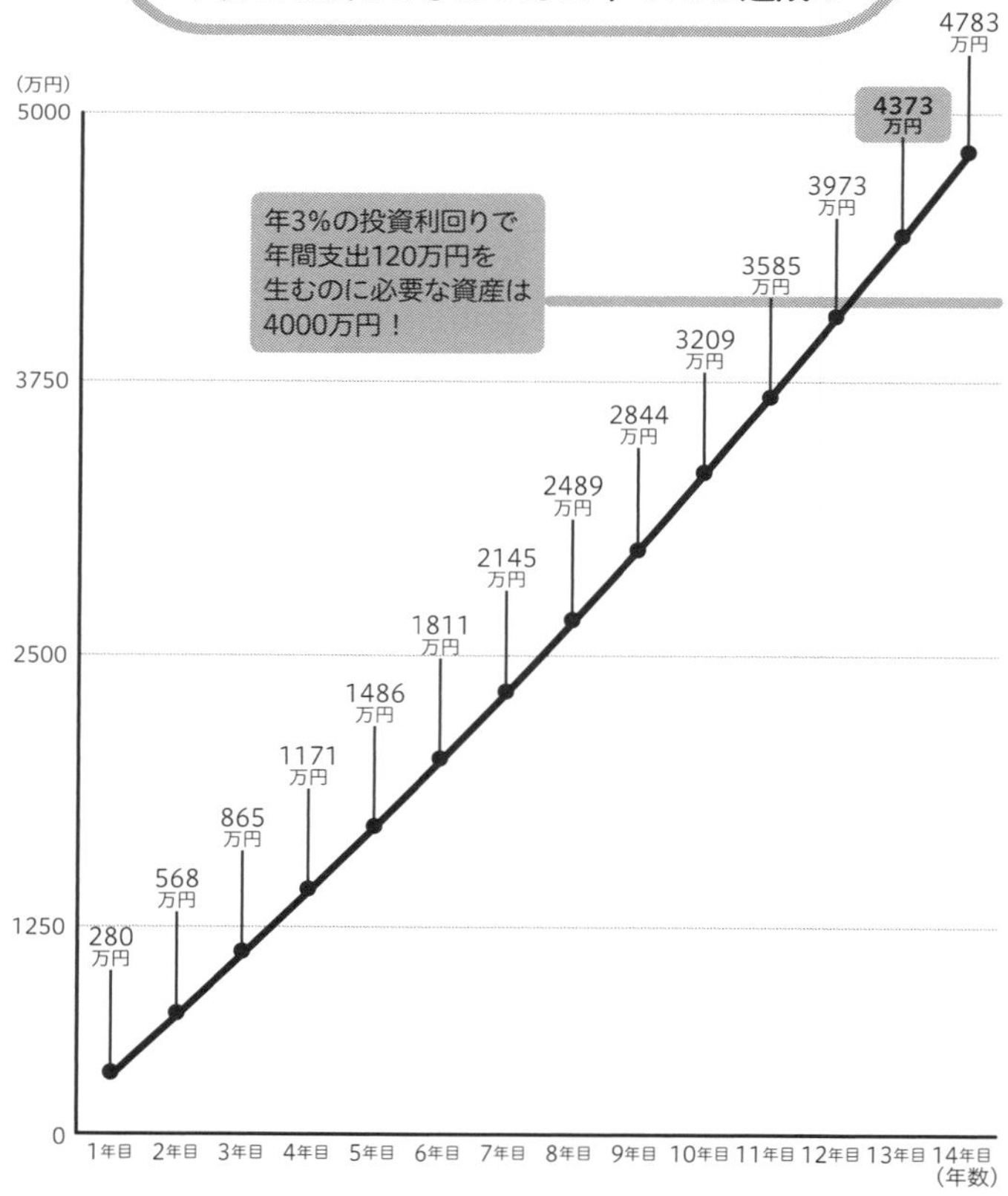

ださい。家賃やローン、水道光熱費や通信費など自動的に引き落とされるものが多いので、「僕（私）の手元には毎月いくら残る」と即答できない人もいるのではないでしょうか。

支出もそうです。毎月自分がいくら使っているのか、すぐ答えられるでしょうか。どれくらいのムダ遣いをしているか、把握できていますか？

運用益に関しては、本書でだいたいの目安をお教えしますので参考にしていただきたいですが、最初に結論だけ申し上げると**年3～7％を目指します**。

いずれにしても、「〇歳までに資産〇〇〇〇万円を作って早期退職」という実現可能なゴールを設定し、そのゴールに向けて自分なりに行動していく「セットゴール」の考え方がFIRE達成には欠かせません。

世の中には投資だけで資産1億円を達成したという「億り人」がたくさんいます。年1億円を稼ぎ出す才能や月10万円の清貧生活に一生耐える忍耐力に比べれば、**数十年かけて貯金＆投資で1億円の資産を築き上げる**のは、元手作りと勉強と反省を怠らなければ、それほど難しいことではありません。

「**収入**」「**支出**」「**投資**」**の中でも特に投資に力を入れるのがベスト**だと僕は思いますし、

僕自身は40代半ばで資産約1億円を築くことができました。

「労働して稼ぐ」「節約して貯める」「貯めたお金で投資する」という3つの要素のどれに一番、秀でているかは人それぞれです。できるだけ早くFIREを達成したいなら、稼ぐ、貯める、投資する、の3つを同時並行で進めてください。どれか1つでも欠けると、早期FIREを達成することが難しくなります。

FIREに必要なもの、それはバランス力です。言い換えるなら、「**お金に関する総合力**」が問われているといえるかもしれません。

## おけいどんが目指すFIREは「適温生活」

お金、お金と繰り返しておきながらなんですが、人生はお金がすべてではありません。人生の目標は「幸せに生きること」です。お金自体は「なるべく幸せに生きるために使う道具」でしかありません。

となると、「あなたにとって何が幸せか?」を真剣に考え、「これが自分にとっての幸せ」という価値観をきちんと設定することもFIRE達成には大切です。

僕は自分のブログでアーリーリタイアやＦＩＲＥのことを、総じて「**適温生活**」と呼んでいます。

この言葉を思いついたのは、２０１７〜２０１８年頃だったと記憶しています。当時、好景気が続いて株価も好調なのに、金利は上がらず、物価（インフレ率）もそれほど上昇しない状況が「**適温相場＝ゴルディロックス相場**」と呼ばれていました。

ゴルディロックスは『３びきのくま』という童話に登場する金髪（gold＝金＋lock＝髪）の少女の名前に由来します。少女ゴルディロックスは森の中の熊の家に勝手に上がりこみ、熱すぎるスープ、冷たすぎるスープ……と順に試したあと、その隣に置かれた〝ちょうどいい温度のスープ〟を「これはおいしい！」と飲み干してしまいました。

童話の教訓は「勝手に他人の家に上がり込むな」「自分が悪いことをしたら、きちんと謝れ」ということになっているのですが、「ちょうどいい温度のスープを人々は好む」ということから、好景気でもインフレが起こらないような「**ちょうどいい相場や経済状態**」のことを「適温相場（適温経済ともいいます）＝ゴルディロックス相場」と呼ぶことになったようです。

その言葉を見て「適温っていい言葉だな」と思ったこともあり、僕は自分が目指す経済的自立と早期退職＝ＦＩＲＥの暮らしを「適温生活」と名づけることにしました。

適温生活とは、熱くなりすぎず、冷めてもいない、〝ほどほどの状態の暮らし〟ということです。

**急がず、慌てず、忙しくせず、詰め込みすぎず、背伸びせず、緊張せず、怒らず、がんばらず、余裕を持ち、丁寧に生きていきたい**と思っています。

自分にも他人にも寛容でいたいですし、「ありがとう」という感謝の気持ちをいつも忘れずにいたい。

たとえＦＩＲＥを達成したとしても、他人にマウンティングしたり、お金持ちであることを見せびらかしたりするのは、僕の考える幸せな人生ではありません。そもそも人を気にしすぎている時点でむなしいと思います。

社会人としての責任や役割を果たしたうえで自由に暮らせるのが理想です。

そんな僕の思いというか、**幸せな人生のゴール**を端的に示した言葉が「適温生活」ということになります。

## お金と幸せ、人生をまとめて考えるのがＦＩＲＥ

人生を回すお金の歯車である収入・支出・投資、そして、あなたにとっての幸せや人生観。単なる投資によるお金儲けだけでなく、それらすべてをまとめて考えるのがＦＩＲＥだと僕は思います。

「はじめに」なのに、つい一生懸命に語りすぎて、長くなりました。総論のつもりが図版まで入れてしまったので、ここまでを「はじめに」兼「第0章」とさせていただきます。

そろそろ本編に入ります。僕自身がＦＩＲＥ達成までの道のりで得た経験、知識、情報すべてを、ちょうどいい温度でこの本に注ぎ込みます。

その「適温情報」を参考に、どうかお金に一切困ることのない、快適で自由で幸せな人生を手に入れてください！

２０２１年３月　　桶井 道（おけいどん）

※本書で紹介しているデータや情報は特別な表記がない限り、２０２１年２月２日現在のものです。本書は資産運用に役立つ情報を掲載していますが、あらゆる意思決定、最終判断は、ご自身の責任において行われますようお願いいたします。ご自身の資産運用で損害が発生した場合、株式会社宝島社及び著者は一切、責任を負いません。また、本書の内容については正確を期すよう万全の努力を払っていますが、２０２１年２月２日以降に相場状況が大きく変化した場合、その変化は反映されていません。ご了承ください。

表紙デザイン／井上新八
本文デザイン・DTP／小沢 茴
イラスト／いぢちひろゆき

# 第1章

# 47歳でFIRE完了！アーリーリタイアのリアル

## 僕、おけいどんは関西在住の40代後半、男性です

僕、おけいどんは22歳で就職し、約25年間の社会人生活を経て、２０２０年10月末にアーリーリタイアしたばかりの**ＦＩＲＥ1年生**です。

座右の銘の1つが「ケチは財を成す」。関西人ということもあって、「ケチであること」は僕にとって欠点でも悪癖でもなく、美徳です。ケチだからこそＦＩＲＥを達成できたと誇りに思っています。

とはいえムダなものに1円もお金を使わないわけではありません。たまの贅沢にザ・リッツ・カールトンのラウンジに行って紅茶を飲み、スイーツを食べたりもします。高級なおせちをお取り寄せしたりもします。

おいしいものを食べることも好きですが、**一番の趣味は分散投資という名の株収集**です。ケチな僕は、家の中にあるいらないものは捨てるのではなく中古品買い取り店に行って売却します。そして、そのお金はたとえ１００円でも投資に回します。僕を幸せにしてくれる、株の配当という果実を生み出すための資金になるわけです。

小学生の頃になりたかった職業は弁護士でした。中学校や高校の卒業文集の「将来の夢」の欄には、手堅く〝公務員〟と書いていました。

でも、両方とも叶いませんでした。正確にいうと、叶えるための努力をしなかったので、当然の結果といえるかもしれません。

大学時代になると、もう何かになりたいと考えることもなくなりました。

大学を卒業して入社した企業は、昭和の雰囲気がむんむんに残った「がむしゃら感」のある社風でした。社員は夜遅くまで仕事をする、休憩時間も削って働く、ひたすら上を目指して社内通信教育までがんばるというのが当たり前の職場でした。職種は一言でいうのが難しいのですが、営業系でした。

20代の頃の僕は「この会社で偉くなりたい」「昇給したい」と必死に働いていました。仕事ではいいことも悪いこともありましたが、悪いことがあっても「こんな会社辞めてやる」とまでは思わず、配属された部署で与えられた仕事を次々にこなす日々でした。やりたいことへのこだわりがなかったので、「本当はあの部署がよかったのに」などの気持ちもありませんでした。

## ひたすら働けば給料は上がっていくと信じていた

サービス残業で夜遅くまで働くのは当たり前。時折、休みの日なのに休日出勤の申請もせずにサービス出勤で仕事をしていましたし、仕事を家に持ち帰ってもいました。「社会人はみんなこんなもんだ」ぐらいに思っていた気がします。

いい思い出もあります。会社で取り組んだ一大事業で、**従業員数千人の中で営業成績1位となり、社長表彰を受けた**ときはうれしかったです。就業時間中に役員から呼び出され、ホテルで簡単なお祝いの席を設けてもらい、社長からお酌されて、飲めないお酒を飲んだことを今でもはっきりと覚えています。真っ赤な顔をして会社に戻ると、部長から「昼間から真っ赤な顔して！　今日は仕事しなくていいから、テキトーに過ごせ！」と笑いながら、叱られ（＝ほめられ）ました。

どうして、それほどがんばることができたのでしょうか？　まだ20代で体力があったから、という理由が大きいです。そして「**ひたすらがんばれば、給料も上がるはず**」と信じていたからです。

しかし全社で1位の営業成績を挙げても、社長のお酌でお酒を飲ませてもらっただけで、給料はそんなに上がりませんでした。

「あれだけがんばったのに、フタを開けてみれば昇給は微々たるものじゃないか」と、がっかりしました。次第に僕はやる気をなくしていきます。サラリーマン人生も30代後半になると、行く末が見えてきました。

僕の同期の中の一人は次長になり、数十名の部下を持っていました。彼は本当によくがんばっていましたし、成果も残していました。僕も彼を好きでしたし、ほかの社員からの人望もありました。素晴らしいと思います。

そしてそれ以外の同期の一部は課長。多くは係長か主任でした。僕は後述する病気によりだんだんがんばりがきかなくなり、若き頃の一瞬の輝きも虚しく、主任のまま。30代後半から先の挽回は不可能だとあきらめていましたし、挽回したいという気持ちもありませんでした。

そのままいけば、出世している同期に心の中で軽く嫉妬しながら、会社の上層部に多少の反感を抱きながら、定年まで働いていたことでしょう。正社員の地位にぬくぬくと守られて「社畜」としての会社員人生をまっとうするしか選択肢がない人間なら、働き続けるしかありません。

でも、僕には1つだけ武器がありました。「投資（をしてきたこと）」です。

僕の父は事業を営み、両親はともに株式投資を行っていました。僕自身、20代で就職した当初から「**給料をもらったら、まずは、そのうちの何割かを貯金に回す。貯金がある程度貯まったら、そのお金で株を買って投資する。**それが当たり前」という金融教育を受けてきたのです。投資をするのが当たり前だったので、特に何か目的があるわけでもなく、25歳から自然に株式投資を始めていたわけです。そういう教育をしてくれた親には、感謝してもしきれません。

勤めていた会社には社内通信教育制度があり、その受講によりランクアップしていかないと出世しづらい仕組みでした。社内通信教育費用の半分は自己負担です。がんばっても給料は上がらない（と思われる）のに通信教育にお金を出すのは嫌だなあ、と思いました。「社内通信教育制度に時間やお金を使うぐらいなら、**もっと投資をしたほうが、出世して昇給する以上のお金を手にできる**だろう」と考えるようになったのです。若い頃は給料が上がると信じて受けていましたが、通信教育は強制ではなかったこともあり、受けるのをやめてしまいました。

## 投資家に定年なし、ビジネスを見る目も磨かれる

しかも、会社には定年があります。僕の勤務先は最長でも65歳までしか働けませんでした。定年が70歳に伸びるかもしれないとは思っていましたが、逆にそこまで働きたくもありませんでした。

それに対して投資家には定年がないなあ……と思うようになりました。日本の市場でもニューヨークの市場でも、シンガポールやベトナムの市場でも「何歳以上になったら投資できません」という〝期限〟はありません。株の配当金は、その企業が配当を出し続けている限り毎年もらえますが、受け取るための年齢の縛りもありません。投資の神様といわれるウォーレン・バフェット氏は２０２１年で91歳になります。

株式投資をしていると、上場企業の経営方針や業績について、経営者のように、かなりシビアな目で見ることができるようになります。**単にお金が儲かるだけでなく、ビジネス**

**や経済、社会を見る目が磨かれるのも株式投資の魅力の1つ**といえるでしょう。

サラリーマン時代は、取引先との関係や仕事の進め方、顧客へのアフターフォローなどをひたすらコツコツやっていました。物事を丁寧に積み上げていくスタイルで仕事をしてきたと自負しています。

しかし勤めていた会社は、次第に、(コツコツでなく)多くの仕事をスピード重視で行うことが最も素晴らしい、という体制に変わっていきました。よくいえば効率化ですが、スピードを重視すればクオリティは下がります。

すでに投資を始めていた僕は、自分の勤務先を改めて投資家目線で見てみました。スピード重視のほうが利益も上がって、株主還元の向上につながるかもしれないので「いい会社」かもしれません。悪いことばかりではないわけです。でも社員目線に戻ってみると、「見えないところでコツコツがんばっても、あんまり意味がない。要領よく仕事をしつつ、それを上司にアピールしないと評価されない体制って、なんだかなぁ」と疑問やストレスを感じるようになりました。

投資家目線で見ると悪くない会社、社員目線で見ると微妙な会社。これから自分の身を自分で守るためにはどうすればいいのだろう。社員ではなく投資家、上場企業のオーナーになったほうがいいのではないだろうか？　30代後半以降に、そう考え始めたのです。

## 資本主義を批判するか、勝者の仲間入りをするか

財務省が発表した2019年度の法人企業統計によると、**企業が蓄えている利益剰余金**（貯金のようなもの）**は前年度比2・6％増の475兆円に達し、8年連続で過去最高を更新**しました。2020年度は新型コロナウイルス感染症の影響で過去最高益の更新は危ぶまれます。当然、従業員の給料が上がる会社より、下がる会社のほうが多いでしょう。

世界中がこんなに大変なことになっているのに、株式市場はどうでしょう。2020年は金融緩和の影響で、米国株を中心に過去最高値を軒並み更新しています。日経平均株価も約30年ぶりのバブル後最高値まで上昇しました。

これを「資本主義の矛盾、けしからん」と批判しますか？　それとも「だったら今すぐ自分も株式投資を始めて勝者の仲間入りをしよう」と発想を転換しますか？　その差が「投資格差」として表れてくる時代になっています。

投資するためのお金がない？　だったら必死に働いて、支出を極限まで抑えて投資をしましょう。

投資は怖い、危ない、損する？　だったら必死に勉強して、投資で利益を出せるようになりましょう。

それこそが「格差社会」で生き残るための自己防衛法なのです。

## 30代後半に抱いた人生初めての夢、それはアーリーリタイア

僕は30代後半になって初めて、心の底から「将来こうなりたい」という夢を持ちました。それは子供の頃に抱いた弁護士や公務員などのふんわりしたものではありません。

**「アーリーリタイアしたい。50代で会社を退職したい」**

卒業文集に書くような「〇〇になりたい」というフォーマットに合わせるなら、「**無職になりたい**」ということになります。うーむ。

役職レースを降りる気持ちはすでに固まっていました。出世欲がすっかりなくなっていたのです。その理由の1つに病気がありました。小学校の頃から体が弱めだな、という自

覚がありましたが、20代の頃に働きすぎたことも影響したのか、30代前半で僕の体に持病が見つかっていたのです。

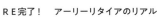

仕事ができなくなるほどの病気ではなく、30代半ばまでは夜遅くまでの仕事も難なくこなせました。一晩寝ればスッキリ、翌日は元気に通勤できていたのです。

ところが、年を経るごとにだんだんと回復力が衰え始めました。30代後半になると前日の疲れを残したまま仕事する日が増えてきました。

その頃会社では、**55歳になると役職定年になって給料が20%カットになる、という制度が導入**されました。僕としては同じ仕事をしているのに年齢を基準にして収入が20%も減ることへの抵抗感があり、「50代で退職したい」から「55歳になったら会社を辞めたい」と、具体的な年齢が出てきました。アーリーリタイアは単なる**夢から現実的な希望**に変わったのです。

40代になると体調不良の日が増えました。でも、会社では少数精鋭化やマルチタスク化、成果主義の徹底が進められ、今までよりもっとせわしなく、僕自身も余裕のない毎日になっていました。本当はのんびり屋で、コツコツ積み上げたい、どちらかというとどんくさい僕と会社の距離がどんどん広がっていったわけです。

43歳のとき、僕は時短社員になる道を選びました。体調不良もそうですが、セミリタイア生活をしてみたかったという理由もあります。僕が勤めていた会社には正社員のまま仕事時間を減らして時短社員になる制度があったのです。

もちろん「**アーリーリタイア前にセミリタイアを経験したいから**」という理由での時短社員は認められません。あくまで〝病気がひどくなったので時短社員で働きたい〟ということで認めてもらいました。

以前に比べて拘束時間は短くなり、当初はずいぶん楽に感じました。少しは自分の時間を楽しむこともできるようになりました。

でも、「時短、快適！」と思う期間は意外に短かったです。時短社員になると午前出社か午後出社をある程度は自分で選ぶことができたはずなのですが、やがて人手の足りない午後出勤を数多く割り当てられるようになりました。

残業になることもあり、夜遅くに帰宅することが増え、結局、時短社員になっても体調不良を抑えることができなくなりました。

**このまま働いていると、人生の主役は自分ではなく、会社になってしまう。**僕は47歳の春に退職届を提出しました。会社から引き留められたこともあり、実際に退職することになったのは半年後の2020年10月末でした。

## 人生のゴールは定年ではなく「経済的自立」

今の時代、**人生の最高のゴールは「いい会社で定年退職を迎えること」ではない**ような気がします。FIREという略語には「Financial Independence, Retire Early」=経済的自立と早期退職だけではなく、「Financial Independence,Remain employed」=**経済的自立はしながらも雇われて働く**という解釈もあるようです。そのどちらでもいいと僕は思います。会社を辞めてアーリーリタイアするかどうかは、個人の考え方次第です。重要なのは「Financial Independence =経済的自立」のほうではないでしょうか。

会社の給料で生活するのも、投資で利益を出してそのお金で生活するのも、お金を使って暮らすという意味では同じ。**人生のゴールとして設定すべきなのは「経済的自立」がベスト**だと僕は確信しています。

いい会社に入って出世コースに乗ることができれば、経済的自立への近道切符を得たようなものです。定年まで勤め上げれば、住宅ローンの残債があっても一発で返せるような退職金と十分な年金が得られます。ただ、いい会社ではなくとも、「Financial Independence」への道は必ずあります。

ただし一発逆転はありません。宝くじやギャンブルに答えを見出すのはダメです。正しい方法を勉強して、正しい努力をすること。僕が本書でみなさんにお渡ししたいのは、学歴も職歴も関係なく、誰にでも使える切符――それは「マネーリテラシーを身につけること」です。僕は金融の知識と経験があったからこそアーリーリタイアできました。だからこそ、**FIRE達成のために必須のマネーリテラシー**をご紹介したいのです。

## 手取り年収400万円台でもFIREは可能

僕がFIREを達成するまでの資産の推移をご説明します。株式投資をスタートさせたのは、会社に入社して3年目の25歳のときでした。

子供の頃から「ケチは財を成す」が座右の銘だったわけではありませんが、僕はお年玉やアルバイト代などを（全額ではないものの）しこしこ貯め込んでいました。22歳で新入社員になってもらった初任給も、もらったそばからすぐに貯金しています。

この先取り貯金のおかげで、**会社員になって3年目の25歳のときにはすでに500万円の貯金**がありました。また、17歳のときに父親から贈与された大手不動産会社の三菱地所株が当時の時価で500万円になっていましたので、これらを元手に株式投資をスタートさせました。

これまたありがたいことに、資産形成として株を持つのが当たり前の家庭に育ったので、「株ってなんだか怖い」「損したら借金まみれになる」といったネガティブなイメージは一切ありませんでした。繰り返しになりますが、僕にとっては、お金が貯まったら株に投資するのが当たり前の感覚だったのです。

会社員時代の年収はピークで460万円ぐらいでした。国税庁が発表した2019年の民間給与所得者の平均年間給与は436万円、男性だけに限ると540万円なので、はっきり申し上げて、僕の給料は中の下ぐらいです。

みなさんの給与は1人1人違うと思いますが、**年収400万円レベルだった僕でも会社**

**員生活約25年でＦＩＲＥを達成できた**ことで、「よし、それなら自分もできる」と思っていただけたら幸いです。

僕の**手取りの月収は平均約22万円、残業が多い月で25万円。そのほかに手取り賞与が年2回、約45万円入ってくる。**これがサラリーマンとして働くことで得られる僕の全収入でした。

では、この収入を僕はどのように振り分けていたのでしょうか。「稼ぐ」「貯める」「投資する」という〝ＦＩＲＥ３大歯車〟の中でも、「ケチは財を成す」と豪語する以上、〝貯める歯車〟は僕が最も自信を持っているところです。

**図４**にサラリーマン時代の僕の収入と支出を公表しました。これを見てもおわかりいただけますように、**手取り月収も手取り賞与も、最低半分は貯金、さらに保険や投資などの資産運用分に先取り**し、残りのお金でチマチマ生活というのが僕のキャッシュフローになります。貧乏くさいと笑うなら笑ってください。でも、年収４００万円の僕が47歳で晴れてアーリーリタイアできた一番の原動力は、この「**ケチは財を成す**」**式の先取り貯金&投資**以外にありません。

図4

## サラリーマン時代の収入と支出を大公開！
## 先取り貯金をメインに「残りで生活」

**年収額面→400万～460万円**

手取り月収平均**22万円**＋手取り賞与**45万円×2回**

**●手取り月収平均22万円の支出の内訳は？**

| | | |
|---|---|---|
| 先取り貯金 | **7**万円 | 定期預金に積み立て |
| かんぽの養老保険 | **4**万円 | 貯蓄性の高い保険（当時） |
| 個人年金保険 | **1**万円 | 25歳で加入 |
| 家に入れる食費など | **3**万円 | 個人年金加入前は4万円、入れていた |
| 支出 | **7**万～**10**万円 | 本や外食、趣味など。場合により投資 |

※残業が多い月の手取り月収は25万円（残業分は支出または投資に回していた）。

**●手取り賞与45万円×2回の支出の内訳は？**

| | | |
|---|---|---|
| 貯金または投資 | **40**万円 | |
| 家に入れる食費など | **20**万円 | |
| 旅行など | **30**万円 | 場合により投資 |

考えてみてください。収入の半分を貯金して、残り半分で生活するということは、働いた時間と同じだけ、働かなくても生きていける将来の時間を確保することを意味します。月22万円稼いだうちの半分で生活するわけですから、もし生活費が今後も一切変わらないなら、10年働けば、20年分の生活費を捻出できるということ。たとえば、25歳から45歳まで20年間働けば、その後の20年間は一切働かなくても暮らしていけるというわけです。これぞ、人生の半分を働かないで過ごすための「**給料2分の1貯金**」の**威力**といえるのではないでしょうか。

## 貯めたお金を長期投資のタネ銭にするしかない

今の日本の金利では、貯金だけでは「貯金したときのままの金額（給料の2分の1）」からほとんど増えませんが、貯金したお金を投資に回せば、増やせます。10年働けば、20年どころか30年、いや40年分の生活費を確保することも夢ではないと思います。

この本を読んでいるあなたが、もし20代や30代なら本当にラッキーです。会社に入ったばかりの20代から30代前半は、がむしゃらに働くケースが多いと思います。忙しすぎて遊ぶ時間もないという人も多いのではないでしょうか？　その状況を悲観しすぎることなく、**稼いだお金をそのまま貯金&投資に回せる大チャンス**と考えてください。

「忙しかった自分へのたまのごほうび」くらいは問題ありませんが、**「忙しいストレスを買い物や飲み会で発散する体質」**になってしまうのは、もったいないです。20代から30代前半の貯めやすい時期に、お金を貯められないわけですから。

20代から30代前半に貯めたお金は即、**投資のタネ銭**にしましょう。投資というのは、長期間コツコツ続ければ続けるほど大きく育つものなのです。

**若い頃に投資のタネ銭をどれぐらい貯められるか**が、ＦＩＲＥ達成のみならず、老後の資産形成にとっても極めて重要です。

40代の方も悲観しすぎないでください。20代、30代に比べれば給料も上がっているでしょうから、短期集中と割り切ってしばらくギリギリのお金で暮らし、残りはすべて貯金と投資に回すのです。

お金がお金を生む仕組み作りをしなければ、何も始まりません。努力をすれば、人生１００年時代ですから、どこかで追いつけます。大丈夫です。

さて、手取り月収と賞与の半分以上を貯金&投資に回していた僕も、22歳の入社から30代前半までは仕事が忙しくて、遊ぶ余裕がなく、お金を使う時間もあまりありませんでした。それが功を奏して、投資のタネ銭作りに成功したわけです。そのタネ銭は、お金がお金を稼いでくれる「投資の歯車」の滑り出しをよくしてくれました。

## 47歳、FIRE達成時点の資産は約1億円

稼いだお金の半分以上を「貯める&投資する」で積み上げていった僕の資産の伸びは次のようになります。

**17歳/300万円↓両親からの株式贈与**（三菱地所株）**、お年玉預金**
**22歳/320万円↓社会人デビュー、給料の半分を貯金する生活が始まる**
**25歳/1000万円↓株式投資デビュー**（貯金500万円+値上がりして500万円になっていた三菱地所株）
**30歳/2000万円↓給料の半分以上を貯金&投資に回し、資産倍増**
**33歳/3200万円↓リーマンショック前の最高資産額**

**39歳／4600万円↓日本株への投資で増やす**
**40歳／6000万円↓アベノミクス相場始動、資産の増加に拍車がかかる**
**44歳／7500万円↓外国株にも投資を開始**
**47歳／約1億円↓FIRE達成、次の目標は60歳で年間配当金240万円**

僕が本格的に株式投資を始めたのは1998年、ちょうどITバブルで株価が上がる直前でした。そんなラッキーもあって、1999〜2000年のITバブル、2004年の新興株バブル、2005〜2007年の小泉郵政民営化相場に乗ることができました。

大きな痛手を受けたのは、2008年秋に起こったリーマンショックです。株式投資というと「暴落が怖い」という意見をよく聞きますが、確かにリーマンショックの下がり方はひどかったですね。ただ、暴落のあとにはリバウンド上昇があります。100年に1度といわれたリーマンショックの暴落ですら、約半年後の2009年3月でいったん底を打ち、反転上昇しています。

この事実を経験や知識としてしっかり覚えていると、2020年2〜3月に世界の株式市場を襲ったコロナショックで慌てることもなかったと思います。逆に「**暴落は株を底値買いできる大チャンスだ**」とポジティブにとらえる発想も生まれるでしょう。こういったことも、20代から20年以上も株式投資を続けて、数々の上昇相場と下落相場を見ていたからこそいえることです。

少しでも早く投資を始めたほうがいいのは、そのほうが長期間の複利運用ができてパフォーマンスがよくなるだけでなく、**株式投資の経験値をどんどん上げることができる**からなのです。

## おけいどんのアーリーリタイア後キャッシュフローは？

アーリーリタイアしたあとは「給料」という個人にとって最も貴重な収入源がなくなります。僕は資産約1億円を築き上げることができましたが、まだ40代後半。おじさんといわれる年齢ですが、人生全体で考えるとまだ折り返し地点かもしれません。

これから30年、40年続く人生を考えると、まだ**1億円を取り崩すことはできないのです。**

そこで最も重要になってくるのが「給料以外」の収入です。

一番の収入源は資産1億円の中の日本株、外国株が生み出す**月々約10万円の配当金**です。

さらにアーリーリタイア以降、僕は親が行っている事業の手伝いを始め、報酬を得ています。親の事業には専門知識が必要で、サラリーマン人生でその専門知識を得ていたのが、今になって役立ちました。親孝行になり、収入源にもなっているわけです。

次ページの**図5**に〝おけいどん家計簿〟(要は僕の現在のキャッシュフロー)を掲載しました。配当金と親の事業手伝いの報酬、ブログ収入を合計すると、**月々入ってくるお金は約19万円＋α**。**支出は約6万〜8万5000円**なので、**月々約10万円のプラス**です。まだまだ僕の人生は長いですから、このプラスを死守したいです。

僕の場合は両親による金融教育と実家住まいがあってこそのFIRE達成という面もあります。親が働かなくなる日が来たら、そこからは僕が全面的に恩返しをする予定です。

親が働かなくなったら、親の事業手伝いの報酬6万円はなくなりますが、それを除いても心配ありません。株の配当金10万円とブログ収入3万円(少しずつ増えています)で支出のすべてをカバーし、お釣りが出るほどです。今も、余ったお金は残らず外国高配当株および増配株への投資に回しています。

図5

## 退職前から準備していた〝おけいどん家計簿〟
## これからの毎月の収支はどうなる？

### 収入合計　19万円＋α

| | |
|---|---|
| 株の配当金 | 10万円 |
| 親の事業を手伝って、もらうお金 | 6万円 |
| ブログ収入 | 3万円 |
| その他（＋α） | 新たな収入源を準備中！ |

**親の事業には専門知識が必要で、サラリーマン生活でその専門知識を得ていたのが、今になって役立った。親孝行になり、収入源にもなっている。**

### 支出合計　6万〜8万5000円

| | |
|---|---|
| 食費など | 2万〜4万5000円 |
| 社会保険料 | 2万5000円 |
| 医療費 | 5000円 |
| 通信費 | 5000円 |
| 交通費 | 5000円 |

## 約25年勤めた会社の退職金は3ケタ万円

FIRE達成直前の一番大きな収入になるのが、会社を辞めたときにもらう退職金でしょう。勤務先によって大きく差があると思いますが、僕の場合はいくら振り込まれたのか、気になりますか？

2020年10月末付で約25年勤めた会社を退職した僕の銀行口座に退職金が振り込まれたのは2日後の11月2日。米国大統領選挙の1日前でした。

できることなら、アーリーリタイアする前に自分の退職金はいくらなのかを知っておきたいところです。しかし、会社を辞める前から「今年か来年に退職しようと思っているのですが、もし退職したら退職金はいくらもらえますかね？」と総務部や人事部に気軽に聞くわけにもいきません。

ただ、「いついつをもって退職します」と会社に宣言すれば、事前に「**退職金報告書**」という書類がもらえます。そして**退職後には確定申告で退職所得控除を受けるための「退職所得の源泉徴収票・特別徴収票**」をもらえるので、自分の銀行に振り込まれた金額で初めて退職金がいくらなのかわかる、といった〝開けてびっくり玉手箱〟のような仕組みにはなっていません。

僕は退職を考え始めた頃から会社の就業規則の類いを読み込んで、自分なら退職金はいくらもらえるかをシミュレーションしていました。

厚生労働省のホームページによると、10人以上の従業員がいる会社は就業規則を作成し、届け出る義務があるそうです。それ以外にも「定年後継続雇用規程」や「慶弔見舞金支給規則」など、さまざまな規則が定められている企業が多いです。

退職金のある会社なら、就業規則の中に、適用される労働者の範囲、支給要件、退職金の計算・支払方法、支払時期を記載することになっています。

僕の勤務先の場合は社員の役割等級ごとに1年単位で職能指数という点数が決められていて、「職能指数1点につき〇万△千円支払う」といった形で退職金の基本となる額が書かれていました。

計算は複雑でした。自分が入社何年何カ月から何年何カ月までがどの役割等級で、その等級に対する職能指数の点数がいくらになるか、会社の在籍期間すべてにおいて把握していないと正確な合計点数がわからない。結局、ざっくりとしか予想できず……。

実際に支給された額は、**自分で試算していた額より80万円ほど多かった**です。詳しい額はいえませんが、400万円以上はもらえました。

会社によっては「普通退職金」とは別に、その額に1・2倍や1・4倍をかけた額がもらえる制度が設けられているケースもあるようです。

その制度を適用できる人の代表的な例は「**満50歳以上の者が退職したとき**」です。50歳前後で早期退職するかしないか迷っている人は、自分の会社の就業規則をよく読んで、そのような制度があるか、**具体的には何歳以降から退職金の額が何倍になるか**を調べることをおすすめします。

## 僕が退職金で買ったもの

2020年11月2日、想定していたよりも80万円多い退職金をもらって、僕と勤務先の関係性はほぼなくなりました。

社員証、健康保険証、社員バッジ、パソコン、名刺、各種マニュアルや重要資料などの貸与品をすべて返却。退職金より少し遅れて、雇用保険の申請に必要な離職票や、健康保険の切り換えに必要な健康保険の資格喪失証明書、国民年金への切り換えに必要な厚生年金の資格喪失証明書が届きました。

これまで勤めてきた会社への感謝と自らの会社員生活に多少の感慨があり、職を失うことへの多少の不安もありましたが、すがすがしい気分になりました。

退職金で何か記念品を購入してもいいところですが、僕からすれば、在職中から用意周到に準備してきたＦＩＲＥのステップが１つ前に進んだだけ。記念品や贅沢品は買わず、退職金が銀行に振り込まれた当日にすぐ、証券口座に移しました。

そして、退職金で僕が初めて買ったもの――それは米ドルです。１００万円分を米ドルに替えたのです。

「それって単なる両替じゃないか？　何も買っていない」という突っ込みが入りそうですね。確かにその通りです。でも、単純に米ドルに替えただけではありません。米ドルを使って、お目当ての株やＲＥＩＴ（不動産投資信託）を買いました。

具体的には、次の通りです。退職前からしっかり決めてあったので、流れ作業といってもいいぐらいサクサクと注文を入れました。

**①米国の電子決済企業、ペイパル（ティッカーコード・ＰＹＰＬ）**

**②米国のクラウド専業のソフトウェア会社、サービスナウ（同ＮＯＷ）**

**③コンタクトセンター・金融犯罪防止システムなどで高い世界シェアを持つイスラエル企業、ナイス（同ＮＩＣＥ）**

**④シンガポールのＲＥＩＴ（シンガポール市場に上場する不動産投資信託・同ＬＩＯＰ）**

**※高配当の④に多く投資しました**

退職した２０２０年10月は、株式市場が新型コロナウイルス感染症の影響で上昇基調ながらも乱高下している時期だったので、退職金に関しては36カ月に分けて少しずつ、お目当ての株式やＲＥＩＴに投資していこうという計画を立てていました。

時間を分散させてリスクをできるだけ減らしたいからです。ただ、２０２０年11月は退職記念として１００万円の予算、12月も通常の5割増しの予算で投資するつもりでしたし、実際にそうしました。

２０２１年1月以降は外国株（主に高配当株および増配株）に残りの退職金を34カ月か

けて分散投資していくことにしています。

ものすごく細かい？　そうです、こんなふうに非常に細かく分散投資のプランを練って投資するのが僕の好みです。そのほうが毎月の楽しみにもなります。

## 「あのときに買った株」が僕の記念品

単なる投資家ではなく「収集家」と名乗っているのもそのせいです。先ほど紹介したペイパル、サービスナウ、ナイス、シンガポールＲＥＩＴを見るたびに「あ、これ、退職したときに買ったんだよな」と思い出せば、僕にとってはどんな記念品よりいい思い出になることでしょう。

かっこいい（？）ことをいってしまいましたが、そもそも僕には物欲がほとんどありません。どんな人生の節目でも高級ブランドバッグや時計などの〝自分にごほうび系〟を買うことは永遠にないと思います。

**物欲はアーリーリタイアの天敵**です。僕には物欲がないですが投資欲はあるので、退職記念に買った銘柄たちの株価上昇または増配を期待しています。

# 第2章

# アーリーリタイアの心構え&FIREを達成するためのメンタル鍛錬法

## なぜ僕はアーリーリタイアしたかったか？

第1章でも書きましたが、20代から30代前半の僕は上昇志向もあり、**会社員として定年まで働くものだ**と当たり前のように思っていました。

深夜まで翌日の仕事の準備をするために働いたり、会社近くのホテルに宿泊して作業したり、仕事を家に持ち帰ったり、休日出勤することも日常茶飯事。とにかくモーレツに働いていました。ピーク時には休みが月1回ということもありました。

アーリーリタイア前に時短社員をしていたときも、一生懸命に仕事をしていました。自分のこれまでの人脈を駆使して**米国の株価指数S＆P500に採用されているような某大企業2社との取引を成功させた**ことがあります。また、数年間、誰も前進させられなかった事業を半年ほどで契約までこぎつけたことも。そのときは誇らしかったです。

後輩が上司になっても腐りませんでした。「給料泥棒」になることのないように、時短社員になっても「**サラリーマン生活の晩年、もう一花咲かせたい**」という思いを自分なりに実現してきたつもりです。

しかし、20代から株式投資を始めていたこともあり、投資家目線で客観的に〝会社〟と〝そこで働く社員としての自分〟を見るとどうでしょう。

「仕事量や会社の方針」と「賃金、やりがい」「自分の体調、ストレス」のバランスが取れていないことに気づきました。実際、20代から30代の働きすぎもあり、40歳を過ぎてからは持病が悪化してしまいました。

そして、「人生の前半、自分なりにせいいっぱい働き、サラリーマンとしてそれなりの成果を挙げて納得した、人生の後半は自由に過ごしたい……」という気持ちが強くなりました。ここまで僕を育ててくれ、適切な金融教育を施してくれた父の事業を手伝いたいという思いも芽生えました。

僕は「会社なんか牢屋も同然、自由が最高」と開き直ることはできません。一生懸命働いているサラリーマンのみなさんのことを見下すつもりも毛頭ありません。僕がＦＩＲＥを「適温生活」と銘打っているように、幸せな人生というのは熱すぎず冷たすぎず、何事も極端ではない状態がちょうどいいと思います。それは社会に対する考え方や見方についても同様なのです。

ひそかにFIREを考えている人の中にも、「会社でもう一花咲かせてみたいな」という**上昇志向**や、「もっと自分のことを他人に認めてほしい」という**承認欲求**はあるのではないでしょうか。

FIREというと「お金だけ稼いで、あとは自分勝手に自由に暮らすこと」と考えている人もいるようですが、やはり社会との接点が完全になくなってしまったら、どんなにお金があっても幸せな人生は送れないと思います。

そこで本章では「**アーリーリタイアを考え、FIREを達成するうえでのメンタルのケアや鍛錬法**」を、僕自身の経験に基づいてまとめていきます。

## 60歳になったとき、後悔しないためには？

あなたは、老後のことを本気で考えたことがありますか？　欧米では、学生時代から老後について考える授業があるそうです。ところが日本では、マネーリテラシーや老後について、学校では教えてくれません。

僕は、アーリーリタイアをする気があってもなくても、自分の勤めている会社に65歳や

70歳までの雇用延長制度があってもなくても、**自らの60歳到達時をターニングポイントとして資産形成を考える必要がある**と思っています。

なぜなら、60歳から先も労働してお金を稼ぐつもりだったとしても、得られる収入が限定的だからです。

60歳までにどれだけの資産を築けるか。老後の金銭的な安定はそこにかかっていると思います。50代後半でやっと老後資産の不足に気づいても、取れる方策や手段は少ないかもしれません。

あなたが新卒で会社に入社したばかりの年齢でこの本を手に取ってくださったなら、それだけでもマネーリテラシーが高いと思います。60歳到達時に後悔しないために、今からマネープランを真剣に考えてください。

30歳なら30年後、35歳なら25年後、40歳なら20年後、45歳なら15年後に**お金が理想的にはいくら欲しいか、どうしても必要な金額はいくらなのか、そして実際の資産はどれぐらいになりそうなのか**をノートに書き出してみましょう。

僕は47歳でアーリーリタイアしましたが、60歳まで13年も残っています。まだまだ〝おけいどんの老後計画〟は現在進行中で、会社を早期退職してＦＩＲＥを達成できたからといって安心していません。

「稼ぐ」「貯める」という歯車はほぼ停止してしまいましたが、「投資する」という歯車をフル回転させ、**60歳以降にもらえる運用益（具体的には株の配当金）の極大化**を目指しています。

**日本の年金制度は、もはや石橋のように頑丈とはいえません。**どれだけ叩いても壊れない橋、と自信を持っていえる**「じぶん年金」を構築することにこれから全精力を費やす**つもりです。

「20代なんだから、老後なんてまだまだ先っしょ！」「30代から老後のことなんて普通、考えなくね？」「40代は毎日の生活で精一杯だよ」……、そういう考えで、老後の準備を先送りするのはやめましょう。

60歳以降にお金の問題で悩んだり、生活費に困ったり、食費を極限まで切り詰めたりする自分の姿を、誰だって想像したくないはずです。

毎月振り込まれる給料、半年に1度手にするボーナス。それは、どんなに今の生活がいっぱいいっぱいだとしても、今を生きるためだけのお金にしないでください。**人生100年を生きるためのお金の一部**です。

マイホームや自家用車などの大きな出費から、日頃の缶コーヒーやタバコ、飲み代やパチンコ、趣味に使う支出まで、少しでもいいので「この使い道は正しいのか？」「ムダではないか？」と考える習慣をつけましょう。それこそがFIREを目指すにあたっての第一歩なのです。

## 安室ちゃんもダルビッシュ投手も嵐の大野君も…

2018年9月、安室奈美恵さんは40歳で引退されました。2020年12月末に活動を休止したジャニーズ「嵐」のリーダー、大野智さんも40歳でした。

メジャーリーガーのダルビッシュ有さんはそれより3年早い、37歳で引退するとインタビューで答えられています。

米国で起こったFIREムーブメントが、これまでの単なるリタイアメントと決定的に違うのは、**社会人になった20代早々から、会社員引退の準備やビジョンを構築しておこう**

**と訴えている点**です。40代、50代になって経済的な富や社会的な成功を得た人が、「じゃあ、そろそろ引退するか」という悠長な話ではありません。

社内での出世レースや職場での人間関係など、**ストレスフルな会社で一生過ごすことを最初から否定**しているのです。

自由な生活、自由な時間を得ることを目的に社会人のスタートラインからしっかりと計画を立て、アーリーリタイアを目指すのが理想的なＦＩＲＥです。

「会社員として定年まで働く」。ひと昔前までは、それが当たり前でしたが、企業側も**年功序列を廃止して**成果主義に舵を切っています。

働き方改革が叫ばれる一方で、多くの企業の現場では昔ほど人員に余裕はないようですし、賃金も伸びていません。

僕自身も体験したことですが、必死に働いて会社自体は過去最高益を叩き出しているときでも給料はそこまで上がらない時代なのです。

従業員が昔ほど大切にされているとは、とてもいえません。正社員と非正規雇用の契約社員の格差はもっと深刻だと思います。

そう考えると、信じていた会社に、年齢を重ねてやり直しがきかなくなってから裏切られる前に、自分を守ったほうがいいのではないでしょうか。

できるだけ早いうちに勤労、節約、貯金＋投資という「お金の歯車」をフル活用して資産形成に励むことが、普通の人にもできる防衛法です。

今後は会社に依存しないのが当たり前になると思います。ＦＩＲＥを達成することが60歳定年に替わる、新たなスタンダードになっていくでしょう。

違う言い方をしてみます。これからは、1つの企業からの収入だけに頼る時代ではないのです。ブランド物、高級な腕時計、高級な車を次から次へと購入して自慢（または自己満足）するのも、少し時代遅れの感があります。

古い考え方を転換しないと、たとえ**東証1部上場企業の正社員でも、70代、80代には破綻する可能性**があると思います。

単なるお金の問題だけではありません。生き方としても、「仕事が人生のすべて」ではなく、「仕事は人生の一部に過ぎず、仕事以外も大事な人生」という考え方が一般的になりつつあります。

会社に人生を合わせていくのではなく、自分がどう生きたいかを中心に考えていくべきではないでしょうか。

たとえ会社員としてばりばり働いていても、会社依存のしすぎは卒業しましょう。そして、投資や副業、起業など、**会社以外からお金が入ってくるパイプを常に持っておくこと**が大切だと思うのです。

## 会社を辞めないメリットを知ってFIRE前に準備する

とはいえ、会社員を続けるメリットもたくさんあります。メリットがわかっていれば、会社を辞める前にそのメリットをとことん利用し尽くしたうえで退職できますよね。会社員でいるメリットにはどんなものがあるでしょうか？

**①社会的信用度（具体的にはクレジットカードや住宅ローンの審査、世間体）**

**②給与収入**

**③厚生年金や健康保険（会社が半額もしくは一部を負担）**

**④健康診断や保養所利用などの福利厚生**

**⑤通勤定期券**

**⑥所属欲求、自己実現欲求、承認欲求が満たされる**

①の社会的信用度で困る部分に関しては、会社を辞める前にクレジットカードを数枚、新たに作っておいたり、もし住宅ローンを組む予定なら先に審査を通しておくことが大切になるかもしれません。

といってもアーリーリタイアをするのは40代以降が多いと思うので、住宅ローン返済中の人が多数でしょうか。

理想的には住宅ローンを完済してからＦＩＲＥといきたいところですが、それはとても難しいでしょう。完済したうえで、さらにＦＩＲＥ以降のキャッシュフローを生み出すための元手を築くには時間がかかりすぎます。早期退職の時期も遅れてしまうでしょう。

そう考えると、**ＦＩＲＥを目指すなら、「家を買う」という発想は最初に持ってこないほうがいい**かもしれません。まずは投資して早期退職後の経済的自立を確保したうえで、それ以上に投資で利益が出たら家を買う、という流れが順当のような気がします。もしくは都会で働いてＦＩＲＥを達成したら、住居費の安い地域に引っ越してマイホームを確保するという発想です。

家を買う理由は結婚や出産・子育てがきっかけになると思いますが、**結婚に関してもＦＩＲＥという考え方を共有してくれる人が相手でないとなかなか難しい**と思います。子育ても、従来の常識とは異なる発想で行わないと、子供の教育費などの問題で、経済的な自立を確保できなくなる可能性はあります。

マイホームを購入して、結婚して子供も育てて、果たしてＦＩＲＥを達成できるのか？これは独身の僕が体験していないことなので答えようがありません。結婚したくないわけではないのですが、これまでご縁がありませんでした。

しかし、元手が1億円ないとダメ、実家暮らしや独身じゃないと達成できない、というのではＦＩＲＥは新たなライフスタイルとしてここまで注目されないことでしょう。

都心でなければ住宅を格安で手に入れることも可能でしょうし、お金をかけない子育ても、絶対に無理ではない気がします。

そういう意味では、支出をとことん切り詰めて、副業や自給自足で一部の支出を補いつつ、少ない元手を効率よく投資で増やす**「都会以外の場所でＦＩＲＥ」**や**「ノマド的ＦＩＲＥ」**があってもいいはずです。

人の幸せの形は人それぞれ。今後、いろいろなタイプのＦＩＲＥが生まれることを期待しています。

## 会社員的なフリーランスとしての収入源

会社員のメリットとしては、②の、毎月もらえる給与収入が最も大きいですよね。そのメリットを失いたくないなら、正社員は辞めるけれど、常駐業務委託や在宅業務委託のような〝会社員的フリーランス〟として働き、金銭的な収入を得られるようにするのも1つの手です。

正社員でなければ他社からの仕事も受けられる場合が多いと思いますので、ほかからも仕事を引き受けられるような人脈、資格、スキルなどを正社員時代に準備しておくことも大切です。

③の厚生年金の支給額は、確かに国民年金の比ではありません。しかし、国民年金にも「国民年金基金」という、厚生年金の2階部分に相当する追加年金制度があります。

さらに会社を辞めれば、投資で得られる利益に一切税金がかからない個人型確定拠出年金「ｉＤｅＣｏ」の掛け金の上限が、会社員に比べると3倍近い、月額6万8000円に跳ね上がります。投資信託への年金としての積立投資はｉＤｅＣｏを使うことで、会社員では得られない非課税枠を享受できます。

④の福利厚生や⑤の通勤定期券や⑥の欲求は……？　その代わりに、ＦＩＲＥ達成後は自由な時間と満員電車での通勤をしなくてもいい毎日が待っています。

## おけいどんが当初、早期退職を躊躇していた理由

僕はアーリーリタイア思考を持つようになってからも、「よし、やろう」と決めるまでには本当に時間がかかりました。石橋を叩き壊してあれこれと組み立ててみてはまた崩し……の繰り返しで、われながら自分の慎重さにあきれるほどでした。その理由は、不安要素がなかなかぬぐえなかったからです。

**①働くことが普通だという日本人の思考からズレてもいいのか**
**②リタイア後にどう暮らしていくのか**
**③リタイア後にどう社会貢献するのか**
**④取り崩し始めたら、資産は自分の寿命まで持つのか**
**⑤取り崩し開始後、減っていく資産に気持ちは耐えられるのか**

僕自身は、これらの不安を1つ1つ紐《ひも》解きながら、時間をかけて自分なりの〝答え〟を出していきました。

**①働くことが普通だという日本人の思考からズレてもいいのか**

**答え**：いきなり退職せずに、時短社員という道を選びました。時短社員を経てFIREは完了しましたが、これから先、パートタイマーもしくはアルバイトという形で週休3日ぐらいで1日あたり4〜5時間働く日が来るかもしれません。

「FIRE後は絶対に賃金をもらう形で働いてはいけないわけではない」という当たり前のことに気づきました。お金を稼ぐための労働ではなく、**社会と接点を持つための労働**もいいなと考えています。

## ②リタイア後にどう暮らしていくのか

**答え：**リタイア後にどう暮らすのか悩むのはやめることにしました。そのかわり、リタイアしたら何をしなくていいのかを考えました。

目覚まし時計に起こされなくてもいい。通勤電車に乗らなくてもいい。大雨や大雪なら外に出なくてもいい。体調が悪い日は無理しなくていい。上司や先輩に気を使わなくていい。業務ノルマに追われなくていい。残業しなくていい。寝不足にならなくていい。

通勤電車に乗らなくてもいい、体調が悪い日は無理しなくてもいい、などは2020年のコロナ禍で突然生まれた「新しい生活様式」としてかなりの市民権を得ています。

その意味で、今後の社会は、これまでより〝FIREしやすい環境〟になるだろうと確信しています。

## ③リタイア後にどう社会貢献するのか

**答え：**投資も立派な社会貢献と考えることにしました。環境（Environment)、社会（Social)、ガバナンス（Governance）に配慮した企業の株を中心に買っていく**ESG投**

**資**は、10年以上前から広まっています。**ＥＳＧ投資**の前はＳＲＩ＝社会的責任投資という言葉が使われていました。

国連の提唱している持続可能な17の開発目標＝ＳＤＧｓ（Sustainable Development Goals）を掲げた企業に投資するといった考え方は僕も大好きです。ＳＤＧｓをテーマにした投資信託も販売されるようになっています。

僕は社会貢献度を増すために、２０１８年の夏から新興国株への投資も始めました。たとえばベトナムの発展を願って、ベトナムの電力会社に投資しています。資産運用として見れば新興国への投資は難しさがありますが、社会貢献と国際貢献を意識してやってみることに決めました。

きれいごとかもしれませんが、僕の投資により少しでもその国が発展して、子供から大人まで幸せになればという思いがあります。

## ④取り崩し始めたら、資産は自分の寿命まで持つのか

**答え**：漠然と不安を抱いていても解決にはならないので、細かく計算をしてみました。

僕は現在、世界15カ国と地域の高配当株および増配株に投資することで、年間約１２０

万円の配当金をもらっています。

支出は、物欲がないこと、酒もタバコもなし、パチンコもせず、キャバクラにも行かないという地味な生活のため、浪費先がなく、生活費も抑えられる自信があります。いわゆる〝飲む、打つ、買う〟に一切興味がないのです。

さらに、人生100年時代を見越して、ストック（資産）とフロー（収入と支出）をエクセルで具体的に試算して、たびたび更新することにしました。

最近の試算では、60歳でシニアマンション入居、68歳で年金支給開始、70歳で要介護状態（になるかもしれない）、自然災害で被災（するかもしれない）など、わざと厳しくシミュレーションしています。そこまで厳しくしても、本当に生きられるかどうかは別にして、110歳くらいまで問題なくいけそうです。

実際には、この先も高配当株および増配株への投資により、配当金収入の極大化に努めるつもりなので、よりセーフティになると思います。

アーリーリタイアするかどうかはともかく、エクセルなどを使って自分の毎月の収入、支出や資産、その資産が生み出す投資利回りについて試算しましょう。どれぐらいで破綻するか、逆にどの程度なら大丈夫か、**逃げ切り計算**をしてください。

### ⑤取り崩し開始後、減っていく資産に気持ちは耐えられるのか

**答え：**ＦＩＲＥ達成後の収入は株式からの配当金がメインになりますが、もし取り崩し始めて気持ちが耐えられなくなったらアルバイトすればいいやと思うようになりました。肉体労働が厳しければ、ブログを書いて広告収入を得る方法もあります。マクロミルなどのアンケートに答えて報酬をもらうといった単純作業だけでも少しは稼げます。

ちなみに僕は、ブログで月２万〜４万円、アンケート回答では年間２万５０００円くらいの入金があります。また、雑誌やテレビから取材してもらったり、こうした本を出したりすることも、収入を得る１つの方法になります。

## 「老後２０００万円」では全然足りないと思う理由

２０１９年に金融庁の金融審議会「市場ワーキング・グループ」が作成した「高齢社会における資産形成・管理」という、投資による資産形成を促すレポートの内容が「**老後２０００万円問題**」と騒がれました。

そのレポートでは、65歳で年金受給を開始した高齢夫婦無職世帯の平均収支で見ると老後資金が月5万円不足することが示され、その5万円の不足を埋めるためには、20年間＝85歳までに1300万円、30年間＝95歳までに2000万円の資産の取り崩しが必要になる、と述べられていました。

それだけの蓄えがない場合、高齢者でも働いたり、退職金を投資に回して欧米同様に積極的に資産運用していく必要があると指摘しています。ごくごく当たり前のことが書かれているだけなのですが、「年金だけだと2000万円足りない」という部分だけが強調されて騒ぎが大きくなりました。

僕自身は、老後資金は年金以外に2000万円でも全然、足りないと思っています。というのも47歳でリタイアしているので、そもそも厚生年金の受給額が60歳定年の人よりもずっと少ないからです。

さらに65歳から95歳までの30年間で年金以外に2000万円の資産取り崩しでは、自分の望む生活ができそうもない、とも思います。

金融庁のレポートが発表された当時は、すでに僕はアーリーリタイアに必要なお金に関してしつこいほどの試算を繰り返した後だったので、「2000万円では足りない」と感じました。厳しい言い方ですが、このレポートで騒いだ人は、〝老後のお金に関して何も考えていなかった人〟ということもできます。

## アーリーリタイア後にお金はいくらあれば安心か？

「アーリーリタイアするためには、いったいお金はいくら必要ですか？」

僕のブログやツイッターなどを経由して、多くの方からこの質問を受けます。ざっくりでいいので教えてください、など。確かにＦＩＲＥを実現するためにお金は欠かせないのですが……。

正解は人それぞれなので即答できないのです。家族の人数も住んでいる場所も、その人の稼ぐ能力も投資技術も違うので、適当に答えられません。

とはいえ、とっかかりとしての目安が知りたいというお気持ちもわかりますので、ここで検証してみましょう。アーリーリタイア後に必要な資産の設定方法としては、2つのアプローチがあると思います。

1つは「**資産額先行型**」です。まず先に「資産をいくら積み上げるのか」もしくは「積み上げられるのか」を考えてみます。たとえば、40歳で5000万円貯めたらアーリーリタイアする、というように金額から決める方法です。

そして**アーリーリタイア後はその資産にフィットする形で、生き方や生活をダウンサイジング**。つまり日々の節約や工夫により、これまでより少ない金額でも暮らしていけるように、生き方や生活を変えていきます。

働くこと自体が好きではなく、かつミニマリストな方なら、このやり方も可能になるでしょう。ただ、人生がやや窮屈になるかもしれません。一言でいえば、**労働からの解放と引き換えに、ミニマリストな生活をする**ことになります。

そしてもう1つは「**人生設計先行型**」です。これは自分が望む生き方や生活様式――つまりアーリーリタイア後の人生をどう生きたいかを先に決めます。

そのうえで、自分が望む生活を送るためには資産がどれだけ必要かを考えていきます。

僕はこちらのタイプです。若い頃から両親に金融教育されたゆえ、結果的にこの方法をとれたともいえます。

資産額先行型か、人生設計先行型か、このいずれかをまず選んでください。仮に資産額先行型にしようと考え、資産5000万円の目標を立て、実際に5000万円に到達したとしましょう。

するとどうなるか。人間って不思議なもので、それだけでは安心できなくなります。5000万円貯まれば7000万円欲しくなるものなのです。そして、7000万円に到達すれば、次は1億円欲しくなる……。

人間は欲張りな側面と、なかなか安心できない側面を持ち合わせています。欲を満たす額、安心できる額がいったい、いくらなのか、心底満足できるゴールはなかなかやってこないものです。

## アーリーリタイアに必要な金額の公式

ここで、アーリーリタイアで必要な金額を計算してみました。公式風に書いてみます。

**年間支出 ＝ 元手×投資利回り（税引き後）＋予備資金**

投資利回りは、高配当（もしくは連続増配）の日本株と米国株を買うことによりもらえる配当金をアテにすることにします。この投資から想定できる税引き後の年間リターンは現状、3・6％程度が常識的な上限値と考えます。配当金からは税金を徴収されるので、あくまで「税引き後」で考えることが重要です。

日本株の配当にかかる税金は所得税と、それに付加される復興特別所得税で15・315％、住民税が5％で合計20・315％です。約20％が税金で持っていかれてしまうため、税引き後で3・6％の配当を得るためには、**税引き前の配当利回り4・5％前後**を目標にすると安心です。

米国株の場合は、米国現地で10％源泉徴収されたうえに、日本国内でも20・315％課税されるので、ざっくり配当利回り5～6％の高配当株を保有すれば、手取りの配当で3・6％以上を確保できます。

米国株で5～6％、日本株で4・5％という高利回りかつ株価も安定した銘柄を買うには、時間をかけて着実に仕込んでいかないと難しいです。投資時はそれほど高利回りでなくとも、保有することで利回りが上がる増配株もいいでしょう。もちろん銘柄を選ぶ練習をしなくてはなりません。でも決して不可能なことではありません。

配当金は確定申告で総合課税を選択した場合、所得1000万円以下なら「**配当控除**」を受けることができ、その結果、実質的な利回りが上がります。

米国株のように、米国と日本の2カ国で二重に課税されている場合、海外の課税分を取り戻す「外国税額控除制度」もありますが、ここでは無視して話を進めます。

では、3・6%の投資利回りで、月20万円、年240万円の生活を送るためには投資元本がいくら必要かというと、4ページでも紹介した計算方法にあてはめると「240万円÷3・6%」で「約6667万円」になります。

この6667万円に、いざというときの生活防衛のために最低でも300万円を追加しておきます。結果、月20万円の支出でやりくりできる人に必要なアーリーリタイア資金は約7000万円ということになります。

あなたも毎月必要なお金をあてはめて計算してみてください。毎月30万円が必要な人なら「360万円÷3・6%」＝1億円＋万が一の300万円、月10万円で生活できるなら約3333万円＋300万円です。

## 僕は総資産7000万円でも不安だった

ただ、石橋を叩いて壊すおけいどんは、約7000万円でも、まだまだ心配でした。人生には、生活防衛費としての〝自分の万が一〟以外にも〝想定外のまさか〟が起こるものなのです。というのも、僕は学生時代に阪神・淡路大震災で被災しています。東日本大震災、大阪府北部地震、西日本豪雨、相次ぐ巨大台風、新型コロナウイルス感染症など、想定外の災害だけでも、数えればキリがありません。

そう考えると、想定外のまさかに備えて2000万円は欲しいと思いました。7000万円＋2000万円で、合計すると9000万円になります。実際に僕は約1億円でアーリーリタイアとなりました。

逆の方向から試算してみましょう。45歳で、生活防衛資金やまさかの資金も含めて資産9000万円を作ったとします。45歳になった直後、米国株も日本株も暴落し、さらに為替レートも荒れて、めちゃくちゃになり、投資用の6667万円（このお金から、毎月20万円の配当金が生まれる設定）が約半分の3333万円まで目減りしてしまったら？

あなたの総資産は投資用の３３３３万円＋生活防衛費３００万円＋まさかの資金２０００万円で合計５６３３万円になってしまいます。

今、45歳の設定でしたね。65歳の年金受給まで20年あります。想定外のまさかが起きれば、企業の業績も悪化して株主に還元される配当金も減ります。

仮に配当金がこれまでの半分になったとすると、１カ月あたり10万円しかもらえなくなります。こうなってしまったら、「生活防衛費」と「まさかの資金」の２３００万円を取り崩さなくてはいけません。月20万円の生活費のうち、配当金でもらえるのが10万円だと、足りない10万円を２３００万円から引き出していくことになります。

毎月10万円 × 年金受給までの20年（２４０カ月）＝**２４００万円**。生活防衛資金３００万円＋まさかの資金２０００万円＝**２３００万円**。ほぼイコールですね。ここまで計算してようやく安心できるわけです。

とはいえ、取り崩している20年間、株価がずっと半値水準で低迷というのはなかなか考えられませんし、企業業績もいったんは落ち込むものの回復していくでしょう。これまで通りの年間２４０万円、月間20万円の配当金まですぐには戻らなくても、少しずつ戻ると思います。そして、どうしても資産の取り崩しに不安を感じるなら、月収5万～10万円程度のアルバイトをすればピンチを少しずつ埋められます。もしくは僕のようにブログを書くなり、話すのが得意ならユーチューブなどの動画を配信するなり、在宅でできる仕事がないわけではありません。

## 先にマイホームを買うか、先に資産を築き上げるか

65歳からは年金が入ります。45歳で早期退職していると月額10万円程度しかもらえなくとも、月々の支出を20万円で抑えられれば、半減した配当金10万円と年金10万円の20万円でチャラという安定的な老後生活が送れます。

このように、いったん約6667万円の資産を築き上げて、そこから3・6％の運用益を得られるような高配当株のポートフォリオを構築すれば、たとえ想定外のリスクが起こってもなんとか耐えられます。その資産からの運用益があり、最悪、投資元本自体の取り崩しもできるので、かなり安全圏に入った、といえるわけです。

都心に7000万円の一戸建てや駅近マンションを購入し、定年まで住宅ローンを抱え

たままカツカツの生活を送るか？　それともハードワークして稼いだお金をできるだけ早く投資で増やして、７０００万円の資産を作ってから家のことを考えるか？

これまでの日本では、前者の選択肢が妥当かつ幸せとされてきました。７０００万円の家を買うには、優良企業の正社員でないと厳しい。優良企業に入社するには一流大学を卒業。レールが敷かれていたわけです。しかしインターネットで手軽に投資ができるようになった昨今、会社に勤めていないことで世間体を気にする必要も昔ほどはなくなり、「先に資産を作ってからマイホーム」のコースもありえます。

ここまで述べてきたことは、生活費20万円をベースにした完全アーリーリタイアの試算です。労働時間短めの時短社員や常駐業務委託など、セミリタイアなら労働収入がありますし、ミニマム生活ができるなら生活費はもっと少なくて済みます。

20代からミニマムな節約生活を習慣にして、30代後半までに５０００万円の資産を作ってセミリタイアを目指す方を僕は知っています。もう少し贅沢したい人や、もともと年収が高めの方は、月30万円プラン、月40万円プラン……とハードルを上げても、もちろんいいでしょう。ＦＩＲＥ達成のスタイルは千差万別。だからおもしろいのです。

## 退職したら国民年金に切り替え。お得な付加年金加入を忘れずに

ここからは年金の話をします。会社を退職したことで、僕は厚生年金から国民年金に切り替える手続きをしました。手続きは年金事務所ではなく、市役所で行います。その際、元の勤務先が発行した「厚生年金の資格喪失証明書」が必要なので忘れずに会社からもらっておきましょう。

退職後14日以内に手続きをしないといけませんが、僕の場合、手続き自体は5分ほどであっけなく終わりました。

ところで、国民年金に加入する際は、「付加年金」にも加入したほうが絶対お得です。付加年金は毎月の国民年金保険料に、月々の付加保険料（400円）を加算して支払うことで、将来受け取る年金額が増やせる制度です。どれだけ増えるのかというと、1年あたり「200円×付加保険料支払い月数」となります。

たとえば、付加保険料を15年間支払ったとします。すると「200円×12カ月×15年＝3万6000円」。これが将来もらえる年金に毎年加算されます。現役時代に毎月払った

400円の半額に相当する200円が月々の年金に死ぬまで加算される――つまり、たった2年でモトが取れるということなのです。こんなにお得な制度はないと思うので、みなさんもぜひFIRE達成後は付加年金にも加入してください。

## おけいどんの公的年金受給額の試算と年金の損益分岐点

アーリーリタイア前の僕は、65歳以降に年金がいくらもらえるのか、とても心配でした。そこで僕は退職前に地方銀行が開催する無料の年金相談会に行って、社会保険労務士さんを相手にマンツーマンで相談しました。

試算してもらったのは2通りです。

**①今すぐ国民年金に移行するパターン**

**②60歳まで短時間労働者（パートタイム）として最低限の厚生年金に加入するパターン**

その結果、公的年金の支給額（試算額）は、次のようになりました。いずれも月額に換算してもらっています。

**①65歳支給だと10万4000円、70歳繰り下げ支給だと14万7000円**

## ②65歳支給だと11万円、70歳繰り下げ支給だと15万6000円

これまで「自分の公的年金額は月額10万円くらいかな。それくらいは欲しいな」とあれこれ妄想していましたが、年金無料相談会ではっきり「10万円」という数字が出て、ずいぶん安心しました。

念には念を入れて、年金見込額の確認や、社労士さんの計算よりもっと詳細なシミュレーションができる「ねんきんネット」(https://www.nenkin.go.jp/n_net/) でも試算をすることにしました。

ねんきんネットでは、47歳でアーリーリタイア(=国民年金に移行)して65歳支給開始と68歳支給開始でやってみました。さらに、勤務先で時短社員のまま60歳まで働いたらいくらもらえるかも試算してみました(**図6**)。

47歳でアーリーリタイアのほうは社労士さんの試算とほとんど変わらず、まあ納得。それよりもショックを受けたのは時短社員のまま60歳まで働いたパターンの年金です。ねんきんネットの試算では65歳支給開始で**月額約12万1000円**でした。

年金無料相談会で試算してもらった②のパターン(パートタイム労働)もそうですが、

図6

## おけいどんがもらえる年金（月額）を試算すると？

| アーリーリタイアせず<br>時短社員で60歳まで働き<br>65歳支給開始 | | 約12万1000円 |
|---|---|---|
| 47歳でアーリーリタイア | 65歳支給開始／<br>付加年金あり | 約10万9000円 |
| | 65歳支給開始／<br>付加年金なし | 約10万7000円 |
| | 68歳繰り下げ支給／<br>付加年金あり | 約13万7000円 |
| | 68歳繰り下げ支給／<br>付加年金なし | 約13万4000円 |

※「ねんきんネット」で仮試算した結果。付加年金＝国民年金に上乗せして支払う月400円の年金

僕のような時短社員レベルだと、もらえる年金は47歳でアーリーリタイアして国民年金に移行するパターンと1万円程度しか変わらないではないですか。

　アーリーリタイアして「65歳支給・付加年金あり」なら**約10万９０００円**。「68歳繰り下げ支給・付加年金あり」なら約13万７０００円。僕は、この**68歳繰り下げ支給の約13万７０００円で年金を受給したい**と思っています。若い頃に利率のいい個人年金保険に加入しており、68歳まではそれでしのげるため、**公的年金に関しては受給を3年遅らせるだけで、想定した10万円より3万円も多くもらえる点**に魅力を感じます。

図7

## 国民年金の損益分岐点を試算した

| | |
|---|---|
| 保険料の支払額は? | 毎月1万6000円×12カ月＝年19万2000円<br>19万2000円×40年＝**総額768万円の支払い** |
| 1年あたりの年金支給額は? | 毎月6万5000円×12カ月＝**年78万円もらえる**<br>※国民年金のみ加入の場合。<br>おけいどんは厚生年金のため85ページの試算とは異なる |
| 何年以上年金をもらえばトクする? | 768万円÷78万円＝約9年10カ月<br>↓<br>**65歳受給開始なら約75歳以降はプラス** |

※毎月の国民年金保険料はおおよその数字。2020年度は月額1万6540円

ちなみに国民年金の保険料は現在、月額約１万６０００円で、40年間支払うと、65歳以降に支給される年金額は月額約６万５０００円です。国民年金には**２年分を先払いすると保険料が安くなる制度**があり、１カ月あたり６００円前後、お得になります。

では、肝心の損益分岐点は？　毎月１万６０００円を40年間支払った場合の保険料は総額７６８万円で、それに対する年金支給額は年間78万円です。「７６８万円÷78万円＝９年10カ月」なので、**65歳で受給開始した場合、おおよそ75歳以降まで生きていれば完全な〝もらい得〟**になります（**図7**）。自分の得のためにも、国民年金は入っておきましょう。

# 第3章

# セミリタイアから始めてわかったFIREの「捨てる」極意

## 物欲よさらば……身の回りをすっきり整理

FIRE達成のための歯車はなんだったか覚えておられますか？「働く」と「投資する」の間にある、もう1つ。そう！「貯める」です。労働で稼いだ収入の中からどれだけの資金を貯めることができるかで、そのあと、投資に回せる**タネ銭**も変わります。

では、貯めるために必要なのは何でしょうか。これは感覚としておわかりでしょう。**毎月出ていく生活費をとことん切り詰めて、支出を抑えること**が人生の早い段階でFIREを達成するための条件になります。

「ムダ遣いがやめられない」という人は、はっきりいってFIREには不向きです。「買い物が大好き」という方は「働く」「投資する」という別の2つの歯車を強烈に回転させないとFIRE達成は厳しいでしょう。

高収入だったり、投資で好成績を収めたりすることができても、湯水のようにお金を使っていたら、人生100年時代を最後まで快適に過ごすことはできないと僕は思います。

**FIRE生活の土台になるもの、それは物欲を捨てること**です。僕はアーリーリタイア前に、意識して自宅のものを減らし始めました。過去に集めた趣味のグッズから書籍、アクセサリー、洋服なども、どんどん手放していきました。

ものを減らしていくと、心の中に意外な変化がありました。**ものを減らすたびに、物欲自体も徐々に減っていった**のです。

会社勤めのときは、社外営業や人脈、話題のネタ、出世昇進のノウハウが書かれたビジネス書をいろいろ読んでいました。

退職してサラリーマンを辞めたら、もう必要ありません。持っていた書籍の多くは、ブックオフなどで古本として買い取ってもらいました。ネクタイやスーツ、ワイシャツも整理し、中古服の買い取り店に出しました。ビジネスシューズも古くなったものは処分、ネクタイピンなど売れそうなものは売りました。

本当に不思議なことですが、これまで大切に保管してきたものを整理していけばいくほど、それに正比例して物欲がなくなったのです。

「これもいらない」「あれも必要ない」と切り捨てるのが、ものに下手な愛情や執着を抱かないコツかもしれません。

いったんものを減らして部屋がすっきりすると、また新たにものを買って部屋の中がごちゃごちゃしてしまうこと自体が嫌になります。

物欲がなくなれば、支出も大きく減ります。日本人全体の給料が右肩下がりの時代に、働いて稼ぐお金を増やすのは大変なことです。プラスの収入が増えない以上、マイナスの支出を減らすことで、投資に回せるお金を確保しましょう。

高収入を得るにはそれなりの能力、才能、学歴、資格、努力、労働時間（体力）が必要ですが、節約は誰でもできます。だから、FIREを目標にするなら、**物欲につながるものはあらかじめ中古品買い取り店やメルカリ、ブックオフ、ネットオークションなどで現金に替えるクセ**をつけてください。

僕は給料の半分以下に支出を抑えられたので、効率よく資産約1億円を築けました。もし収入の3分の2を貯金&投資に回せば3年分の労働で9年分の生活費を稼ぐことになるので、余ったお金を貯金するだけでも6年間は働かなくて済む計算になります。支出を収入の4分の1まで切り詰めれば、2年の労働で6年間、無職でも生活できます。

**物欲をなくして支出を抑えることは「お金を生み出す基礎代謝」を上げるのです。**

## ものを捨てる場所はゴミ箱ではない

ものを捨てるといっても、ただゴミ箱に捨てたり、お金を払って粗大ゴミとして自治体に回収を依頼していたら、お金は増えません。

「ケチは財を成す」。**自宅にあるどんなものでも、「これ、売れないか？」という視点を常に持っておきましょう。**

実際、意外な不用品が結構なお金になったときは、投資での成功とは額が違うものの、とてもハッピーな気分になります。ゲーム感覚で楽しめますよ。

狙い目は**ブランド品の買い取り店**です。ブランド買い取り店は、ブランド品しか買い取ってくれない――そんなイメージがありますよね。しかし、実際には必ずしもブランド品でなくても買い取ってもらえる場合が多々あります。「えーっ！　こんなものが!?」という品物まで、お金になるのです。

「こんなものが」の例を紹介しましょう。母がメガネを壊して新調したときに、僕は壊れたメガネも含め、古いメガネ2本をブランド買い取り店に持ち込みました。そのうち1本

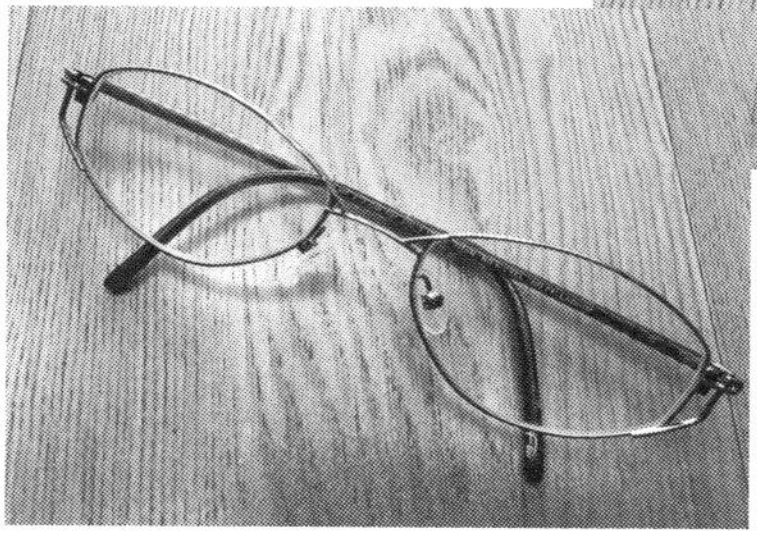

母の古いメガネを2本、買い取り店に持ち込んだ（持ち込む前、ブログ用に撮影）。2本のうち傷がないほうは10円、傷ありのほうはピンクゴールドメッキだったようで、990円で売れた

には「Ｋ18ＰＧＤｅｃ」という刻印があり、18金のピンクゴールドなのかと淡い期待を持っていました。

査定結果は**２本で１０００円**。ピンクゴールドのほうは単なるメッキのようでしたが、それでも９９０円の値がつきました。もう１本は10円でしたが……。

もしもメガネのフレームに純金が使われていたら、そこそこいい値段になります。メガネに限らず、ネクタイピンや指輪、ネックレスのチェーンなど、純金が使われている可能性があるものは結構あります。

金は円建ての価格が過去最高値を更新し、２０２０年８月には**１グラム７７００円台**

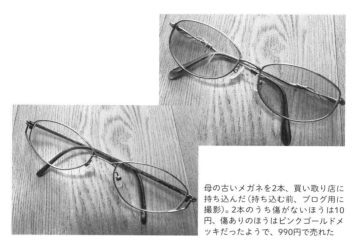

**（田中貴金属工業の税込み参考小売価格）の史上最高値**をつけています。

母の古メガネに関しては2本で1000円の評価額で終わってしまいましたが、それでも廃棄するよりずっとましです。

金以外では、プラチナ、シルバーも買い取りの対象です。シルバーのボールペンや盃、写真立てなどが自宅に眠っていませんか？　僕はシルバーの盃をブランド買い取り店に持ち込み、3500円で買い取ってもらったこともあります。

僕が愛用しているブランド買い取り店は、主に関西や首都圏に店舗展開している「エコリング」というお店です。極端な例かもしれませんが、使用済みの食器、ノーブランドの衣類（古着）、開封済みの香水を買い取ってもらったこともあります。

ちなみに買い取ってもらったお金はたいてい、すぐに証券口座に入金することにしています。

そんな少額の資金が資産のプラスにそれほど大きな貢献をしないことはわかっていますが……。どんな少額なお金でも投資口座に入金して「貯めたお金を投資に回してさらに増やす」という歯車をたえず回しておきたい、という確固たる信念というか、ケチの哲学を大切にしたいのです。

チリも積もれば山になるといいますが、**ケチも積み上げれば財を成すのです!** おけいどんは、そう信じています。

## どんなガラクタもお金にするドケチ根性

FIRE生活を始めて自由な時間が増えると、「急いでいるのでタクシーに乗る」とか「忙しすぎて疲れたので食事は外食」など、**「時間をお金で買う」タイプの消費は自然としなくなります**。

たっぷり時間があるので、多少の手間をかけるだけでお金になるものは、どんなに少額でもお金にしよう、という意識が生まれるのです。

僕はこれまで、一見すると単なるガラクタにしか見えない、さまざまなものをお金にしてきました。

まずは**雑誌や本**です。たとえばJALグローバルクラブなどの会員誌「AGORA」2冊(2019年4月号、5月号)、2002年発行の京都紹介雑誌、かなり古い登山関連本など合計8冊はブックオフで**70円**になりました。

ドケチだろぅ？（スギちゃん風に……古いですね）。でも、ドケチという言葉はおけいどんにとって、ほめ言葉なのです。

意外なところでは、**ブランド品や高級店などの紙袋**も、お金になります。

ある日、世界的なホテルチェーン「ザ・リッツ・カールトン」、ベルギー王室御用達のチョコレート「ヴィタメール」、兵庫県の有名洋菓子店「ケーキハウス・ツマガリ」の紙袋など合計12枚を売りました。

以前だと200円ぐらいになっていましたが、需要が減ったそうで全部で50円でした。

それでも、廃棄すれば単なるゴミで0円ですからね。

まだまだあります。外国のコイン20円、文鎮と扇子で50円、ネクタイピンと小銭入れで50円……。安い！　でも、しつこいようですが、タダよりマシです。

外国のコインにはもう少し期待したのですがダメでしたね。ネクタイピンはゴールドでもプラチナでもなかったようで、価値はありませんでした。がっかり。

これらを売った日は中古品買い取り店を3店舗も回り、獲得したお金の合計はたったの

200円ちょっとでした。時には、数万円になることもあるのですが……。

「電車代のほうが高いんじゃないの？」という突っ込みも入りそうですが、僕が電車代を気にしないと思いますか？　時短社員だったセミリタイア時代の出勤前や帰宅途中に売ったので交通費は0円です。

時短社員になって、少し運動不足気味だったので、街中の買い取り店を歩き回ることで結構なエクササイズにもなりました。目の前の業務で大忙しのフルタイムの会社員にはできない芸当です。

FIREを達成すれば、時間を他人に売って、その対価として給料をもらう必要はありません。人生のすべての時間は、自分が好きなように使うことができます。お金を浪費しないのはもちろんですが、**余った時間をどう有効活用していくか**も、人生の重要なテーマになるのです。

この点で不用品の買い取りは、捨てるはずだったものからお金が生まれて、しかも実店舗まで足を運べば運動不足の解消にもなるという点が気に入っています。近所に買い取り店がない人はネットのリサイクルショップを活用しましょう。

任天堂のゲーム&ウオッチは今や貴重品だろう……と思っていましたが、1000円で売れました

きれいな紙袋は取っておいて売る。ホテルやスイーツショップのものですが、合計12枚で50円でした。以前だと200円くらいになっていましたが、需要が減ったそうです

使用期限の過ぎたプリンターのインク、ファクシミリのインクリボン（懐かしい）、テレビや電話の配線コード、充電池などの〝ガラクタ〟もお金になる！1つ10円程度ですが

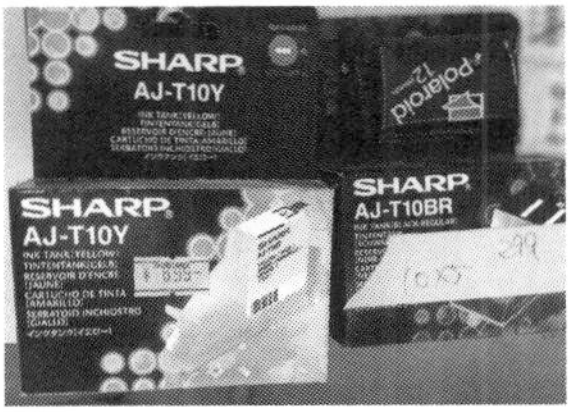

JALグローバルクラブなどの会員誌「AGORA」2冊、2002年発行の京都紹介雑誌、かなり古い山岳の本など合計8冊。ブックオフで70円になりました

20年ほど前のテニス雑誌を83冊持ち込んで、1冊5円、合計415円。学生時代にテニスをしていたのです

## その出費、必要ですか？　支出自体を極限まで減らす

もちろん、不用品を中古品買い取り店で売って小銭を稼いでいるだけではダメです。不必要な出費を極力抑えることも大切になります。

吸っている方は今すぐやめてほしいのがタバコ。毎日1箱（約500円）を吸っているなら、それだけで年間18万円です。25年で450万円、運よく病気にならずに50年吸い続ければ900万円です。

これは何年かに1度、必ず行われる値上げを考慮していない計算です。年齢にもよりますが、あれだけ騒がれた「老後資金2000万円問題」も、タバコをやめるだけで、老後に必要な資産2000万円のうち、25～50％が用意できることになります。スモーカーは今さらいわれたくないとは思いますが、健康面から考えても断然いい結果につながるはずです。

**スポーツ新聞**はどうでしょうか？　1部140円、年間5万円、25年で125万円、50年で250万円になります。最近は駅の売店も減りましたから、スポーツ新聞をいつも買

うクセがなくなった人も多いと思いますが、買わなくなって何か困ったことはありませんよね。

そう、スポーツの結果や芸能情報などはスマホで簡単に手に入るので買わなくても問題ないのです。単なる習慣以外の何物でもありません。

携帯電話のプランを変えることも、簡単な支出ダウンの方法の1つです。これまでは格安携帯に替えるのが定番だったのですが、最近はＮＴＴドコモの「アハモ」プランが大ニュースになりました。月額３０００円を切る価格でネットが20ギガも使えて、さらに1回5分以内の無料通話までついてきます。

大手キャリアがそこまで暴利をむさぼっていると僕は思いませんが、ドコモに合わせてソフトバンクやａｕも追従しています。

毎月３０００円以下……これまで７５００円から1万円も払ってきた大手キャリアの通信料金が強烈に安くなるわけです。**月４５００～７０００円のコストダウン**ですね。これを続ければ、年間5万～8万円、25年で１２５万～２００万円、50年で２５０万～４００万円を削減できます。

ただ、大手キャリアから2021年以降、新たに登場する激安プランは〝ネット手続きのみ〟であることがITリテラシーの低い人にはネックになります。窓口が一切使えないなんて、不安……と思う人も多いですよね。これからはネットが使えない人がますます損をする時代になるのでしょう。

僕はITにそこまで強いほうではないのですが、携帯電話会社の割引プランが出揃い、もし大手キャリアのネット専用プランがどう考えても大幅に得だったら乗り換えるかもしれません。手続きに関する勉強をする時間はたくさんありますから、得するためならやってみようと思います。

## ギャンブルほど効率の悪い投資はない

ほかに浪費しがちなところといえば、お酒やギャンブル、宝くじでしょうか。お酒に関しては家飲みのほうがリーズナブルなのはご存じですよね。下戸《げこ》の僕は下戸ゆえにお酒に関する出費がまったくありません。

ギャンブルや宝くじにも、もともと興味がありません。本物の投資に目覚めると、**ギャ**

**ンブルがいかに効率の悪い「投資」**であるかがわかります。

株式投資の手数料は、ネット証券では少額なら無料です。SBI証券の「アクティブプラン」や楽天証券の「いちにち定額コース」を選べば1日の約定金額100万円までなら無料、松井証券も50万円までは無料（いずれも2021年1月現在）で取引できます。

株を買って値上がりしたところで売却すれば、その利益の約80％が自分のものになり、税金として引かれるのは約20％です。

それに対し、ギャンブルは胴元が必ず儲かるようにできており、テラ銭を差し引いた残りを参加者に還元する仕組みになっています。

競馬、競輪など公営ギャンブルの還元率は70〜75％、パチンコやパチスロなどの民間ギャンブルは80％前後といわれています。公営ギャンブルの場合は年間50万円以上を儲けると税金もかかります。

テレビで宝くじのCMを見かけますが、宝くじの還元率は45％前後に過ぎません。なんという少なさ……。残りの55％は販売にかかるコストを差し引いた後、公共事業などに使われるそうです。スポーツくじ「toto」の還元率も50％前後に過ぎません。

宝くじの当せん金に税金はかかりませんが、それ以前に販売総額の50％以上が〝テラ銭〟として徴収されているわけですから、いくら公共事業に使われているとはいえ、自分への投資としては効率が悪すぎると思ってしまいます。

どのギャンブルも、賭けている人の掛け金の20～50％は最初から〝抜かれている〟ということ。全リターンを総計してもマイナスにしかならない**マイナスサムゲーム**です。

日経平均先物取引やＦＸ（外国為替証拠金取引）などは、微々たる手数料を除けばゼロサムゲームといわれます。勝っている人の利益の合計と負けた人の損失合計がほぼ一致するのがゼロサムゲームです。

僕にいわせれば、株式投資はプラスサムゲームです。投資した会社が成長を続ければ、当然、株価もその成長に合わせて値上がりします。また、配当金もあります。

株価の値上がりに上限はなく、**誰かが損しないと誰かが儲からないという仕組みにはなっていません。**会社が健全な事業を行い、たくさん儲かれば、投資家も儲かって、みんなハッピー。それが株式投資のいいところです。

ちょっと話が脱線してしまいましたが、ギャンブルをやるぐらいなら株式投資の勉強をしてください。そのほうが中長期的に見たら儲かります。

支出を抑えるという話に戻りましょう。お酒、ギャンブル以外にも見直してほしい習慣がまだあります。ありがちなのが、**目的もなくコンビニに立ち寄る**ことです。

**ネット通販も浪費しがちな罠《わな》がたくさん仕掛けられています。**「ポイントが今日は5倍だから」「20%オフだから」「期間限定だから」といった言葉につられて、いらないものまで買っていませんか？　ネットで買うと近所で買うより安くなるものは多くありますが、必要なものだけ買ってください。

あと500円買えば送料無料になるから……とカートに入れがちな〝今すぐ使わないけど、いつか必要になりそうな小物〟もムダの極みです。

身近なところ、習慣的なところから見直すだけでも、支出はスリム化できます。

## 抑えた支出を投資に回せば数百円が4ケタ万円になる

**ペットボトル飲料や缶コーヒー**を自販機で買ったり、外でのランチの際に食後のドリンクを追加でオーダーするのも、僕からするとムダな出費です。水でよくないですか？

「1日300〜400円だし、たいした金額じゃないよ」なんて軽く考えていては、貯まるはずのお金も貯まりません。1日の小さな出費を続けると**1カ月、1年間単位で見たとき、いったい何円になるか**という視点を必ず持つようにしてください。

300〜400円の小さな出費でも30日＝月間で考えると約1万円、年間にすると12万円もの出費になります。会社員人生を22〜65歳までの43年間とすると、「12万円×43年」では「516万円」です。

街中でドリンクを購入するのをやめて、家のお茶か水を入れたマイボトルを持参すれば、これだけの金額を貯金できて、投資に回せます。ちなみに家のお茶は500ミリリットルを作るのに10円もかかりません。

節約できた1万円を毎月、投資に回して年利5％で複利運用した場合、**43年間で1716万円に増えます**。たった300〜400円のムダ遣いが、1000万円規模の資産に変貌する衝撃……。これこそ、ケチは財を成すことの具体例です（**図8**）。

まずは節約を積み重ねて、1年で100万円を貯めることにチャレンジしてみましょう。106ページ以降のリストも参考にしてください。

図8

## ドリンク、タバコ代を複利運用すると？

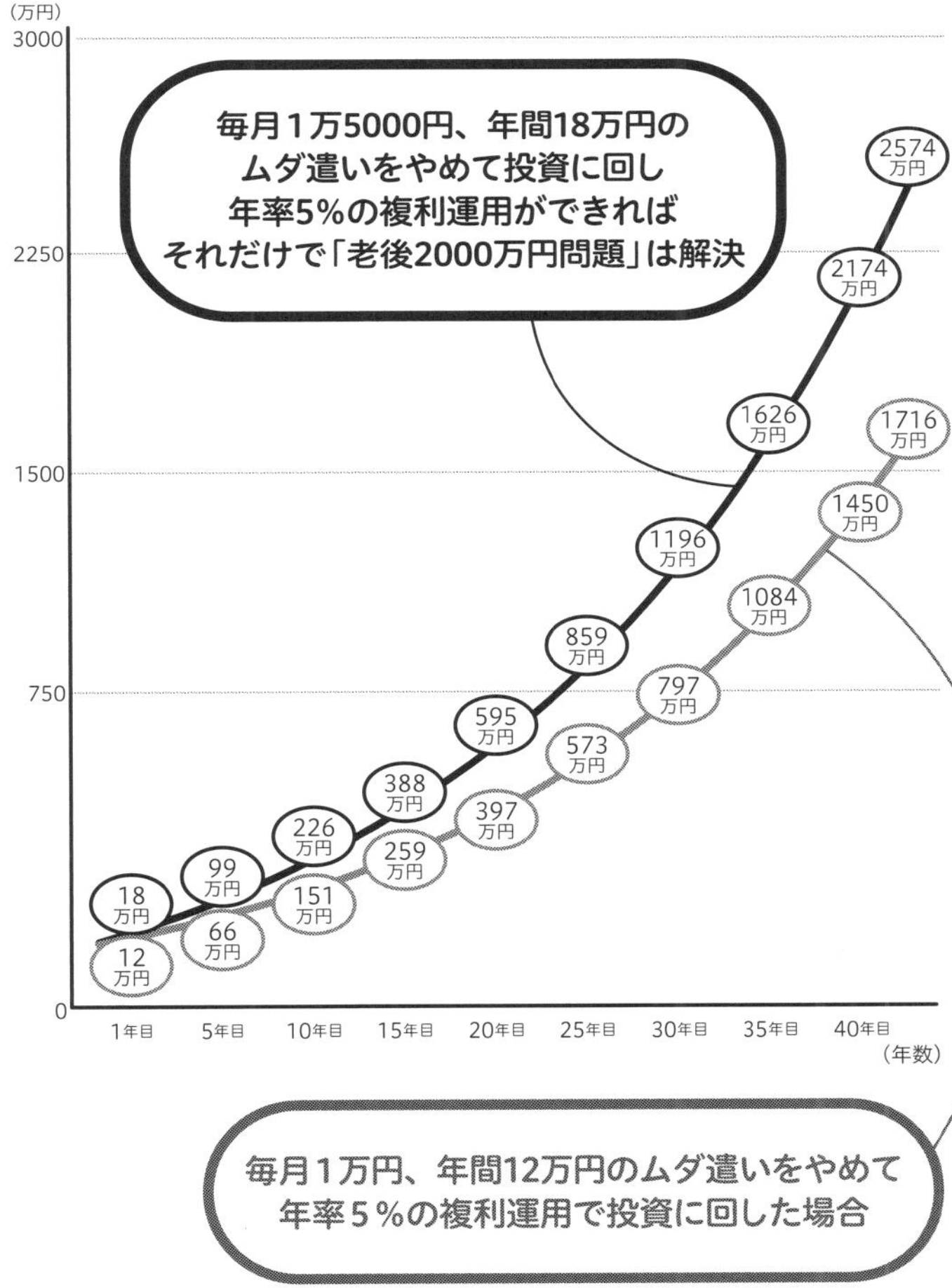

（万円）
3000
2250
1500
750
0
毎月1万5000円、年間18万円のムダ遣いをやめて投資に回し年率5%の複利運用ができればそれだけで「老後2000万円問題」は解決
18万円
99万円
226万円
388万円
595万円
859万円
1196万円
1626万円
2174万円
2574万円
12万円
66万円
151万円
259万円
397万円
573万円
797万円
1084万円
1450万円
1716万円
1年目
5年目
10年目
15年目
20年目
25年目
30年目
35年目
40年目
（年数）
毎月1万円、年間12万円のムダ遣いをやめて年率5％の複利運用で投資に回した場合

# 1年で100万円貯めるために今すぐSTOPすること25

①タバコを吸っている人は、今すぐやめる

②休憩中の缶コーヒーをやめる

③自販機で飲み物を買わない

④スポーツ新聞や夕刊紙を買わない
★スマホで十分

⑤ゲームアプリへの課金をやめる
★目にもよくない

⑥都会在住なら自家用車を手放す
★公共交通機関で十分なはず。必要ならタクシーを使う

⑦「期間限定」「この店限定」など〝限定品〟に飛びつかない

⑧「タイムセール」も基本的には無視する

⑨「ポイント3倍」などのポイント付与につられない

⑩「新製品！」に飛びつかない

⑪衝動買いをやめる

⑫コンビニに行かない

⑬カードのリボ払いは論外

⑭飲み会は大切なものに絞る

⑮飲み会の2次会は参加しない

⑯外飲みをやめて、できるだけ家飲み

⑰ギャンブルはやめる

⑱宝くじを買わない

⑲毎年、服を買うのをやめる

⑳バッグを3つ以上持たない
★オンとオフの2つで十分

㉑ブランドのコレクションをやめる
★ものを集めない

㉒頻繁な「自分へのごほうび」をやめる
★贅沢するなら「たまに」「ガツンと」

㉓銀行ATMの時間外出金をやめる
★手数料を取られる

㉔時間外に病院に行かない
★割増料金を取られる／緊急時は別

㉕時間外に調剤薬局に行かない
★同右

# 1年で100万円貯めるために今すぐSTARTすること18

① 先取り貯金を始める
★給料日に給与振込口座から天引きする設定を

② 小遣い制で暮らす
★独身でも毎月予算内で生活する。欲しいものは小遣いを貯めて買う形に

③ 余った小遣いは貯金するか、投資する

④ つみたてNISAを始める
★買う投資信託に迷ったらS&P500のインデックスファンドを

⑤ 外食時の飲み物は常に水にする
★ランチでドリンクを別でオーダーする習慣をつけない

⑥ 出勤時、外出時はマイボトル持参

⑦ ときには弁当も持参
★毎日なら、なおよい／コンビニや外食のランチが続くより、健康面でもおすすめ

⑧ 100円均一ショップに行くなら目的のものだけ買う
★余計なものは見ない

⑨ 街中で配布されているポケットティッシュは必ず受け取る

⑩ 冷暖房を適温にする
★冷房28度、暖房20度

⑪ 洗濯は風呂の残り湯を使う
★チリツモの極み

⑫ 本は図書館で借りる

⑬ 国民年金はまとめ払いする
★割引がある

⑭ 家中の電気をLEDライトに切り替える

⑮ 散髪は1500円以内の格安カット店に行く
★セルフカットなら完璧

⑯ 不要になったものはこまめに売る
★こんなものが!? というものが多少なりともお金になる

⑰ 自宅の掃除頻度を上げる
★ミニマリストになる必要はないが、部屋をすっきりさせることで物欲がなくなる効果が期待できる

⑱ 金銭面で尊敬できる人を見つける
★ブログやツイッターなどでもいいので、お手本となる人を見つけて、目標にする／ただし、芸能人のキラキラ生活に憧れないこと

## 物欲をコントロールする、おけいどん式10カ条

ＦＩＲＥ達成にはマネーリテラシーも大切ですが、タネ銭をどんどん作っていくための物欲のコントロールも同列に並べられるほど大切だと思います。

ここで、物欲をコントロールする、おけいどん式10カ条を紹介しましょう。一部、106〜109ページで紹介したリストと重複するポイントがありますが、ご容赦ください。

### ①安いからといって買わない

今日からセールで安いとか、今ならタイムセールで安いという〝言い訳〟はやめましょう。ものを買うときはコスト意識も大切ですが、そこだけに目を奪われてはいけません。今あなたが手にとっているそれ、本当に欲しかったものですか？　仮に定価でも欲しいですか？　安いことを理由に買ってはいけません。

### ②欲しいと思っても、その日は買わない

欲しいと思ったときが欲求のピークだった、ということがよくあります。欲しいからと衝動買いして、数日後に冷静になったら、「これ、なんで買ったんだろう」と思ったこと

はありませんか？　欲しいものを見つけても、その日は買わずにいったん帰りましょう。衝動買いを我慢できれば、物欲をコントロールするスタートラインに立てます。

**③すでに同じようなものを持っていないか想像する**

欲しいものを見つけたら、すでに同じようなものを持っていないか、またはすでに持っているもので代用できないかを想像してみましょう。特に、洋服やバッグは同じような色やデザインが揃いがちです。新作のバッグに目を奪われたら、あなたがすでに持っているバッグを思い出してみましょう。手持ちのバッグで代用はできませんか？

**④買うこと自体が目的になっていないか自問自答する**

買い物自体がストレス解消法や趣味になっている人もいます。買うこと自体が目的になっていないか、買ったことだけで満足していないかをよく考えましょう。本来、ものは使うために買うものです。

**⑤以前買ったものが今でも必需品かを振り返る**

欲しいと思ったら、以前同じように欲しいと思って買ったものを今も欠かさず使っているかを考えてみましょう。たとえば、テレビ通販で買った健康器具。今でも使っていますか？　欲しいと思ったときは、脳の中で必要だという過剰なバイアスが働いている可能性があります。でも、実生活で結局は使っていないものも多いはずです。

**⑥誰かの真似をしない、誰かと競争しない**

友人、ご近所さん、ＳＮＳ仲間、インフルエンサーの真似をしない、競争もしないようにしましょう。物欲に関してライバル意識を持つことは、人生のプラスにはなりません。競争して勝った（と自分が思った）としても一過性のものです。

**⑦最初の１つ目を買わない**

コレクション癖のある人は、最初の1つ目を買わないことが肝心です。「今、1つ買ったら、きっと、この1つでは済まなくなる。きっとたくさん集めてしまうだろう」。その結果、膨大な金額を趣味に費やしてしまった経験のある人は注意してください。

**⑧今あるものに満足する**

働けば働くほど給料は上がるんだから、バンバン消費する。それは昭和時代の古い話です。今あるものだけでも十分に生活できるものです。

**⑨買ったら便利かもと思うものは、実際には必要ないと心得る**

ウインドーショッピングをしていたり、１００円均一ショップに行ったりすると、「これを買うと便利かもしれない」と思うことがあるでしょう。でも、それって本当に必要なのでしょうか？　買ったら便利かもと思うものは、〝なくても大丈夫なもの〟です。

### ⑩整理整頓して自分の持ち物を確認する

ものを買う前に、まずは自分の持ち物を知ることが大切です。タンスの肥やしになっているものがないか確認しましょう。重複して買うほどムダなことはありません。把握できないほどたくさんのものを持っているなら売りましょう。

## 禁欲しすぎはＮＧ、お金を使ってもいい場所とは

ここまで「物欲は資産形成の敵」「ＦＩＲＥするためにはドケチであれ」という、おけいどん式の節約マインドについてお教えしました。

とはいえ、禁欲ばかりではメンタルが持ちません。ストレスになり、どこかで嫌になります。そこで提案です。自分を満たす何か１つのものやサービスを決め、そこでお金を使うことは認める。そうすることで、ほかの物欲を抑制するという作戦はいかがでしょうか。

飲み物を例に説明しましょう。毎日、ペットボトル飲料や缶コーヒーを買うことをやめ、マイボトルを持参することにしました。もし1日400円使っていたとすると、400円×365日なら年間14万円以上の節約ができます。

でも時にはプチ贅沢をするのです。居心地のいいカフェで週に1度、好きなドリンクをオーダー。ソファ席で読書したり、スマホやタブレットでネットサーフィンをしたり、友達と語り合ったり。喉の渇《かわ》きを癒やすのではなく、充実した時を過ごすためにお金を使うのはアリだと思います。

500円×52週で年間2万6000円の出費、東京都心なら1杯1000円近くするかもしれませんが、その出費により年間のドリンク代を10万円以上も節約できるなら、お釣りがきます。

僕は高級ホテルの優雅な空間が好きです。ザ・リッツ・カールトンなどで月に1度、2500円のケーキセットを注文して、音楽の生演奏を聴きながらのんびり過ごすと幸せな気分になれます。2500円×12カ月で年間3万円のお金がかかりますが、セレブ気分も味わえます。そして、それは翌日からの活力源となるのです。

## アーリーリタイア後の楽しみの見つけ方

僕は、時短社員として会社をセミリタイアした頃、意識して「**行きつけの店**」を開拓しました。

たとえば会社帰りにまだ明るいうちから北新地《きたしんち》の鮨屋に行くのは楽しかったです。北新地は、大阪・梅田《うめだ》の南にある高級飲食店街で、東京でいえば銀座《ぎんざ》に似ています。昔からこういう粋な世界に憧れがあり、40代前半にして〝新地デビュー〟を果たしたわけです。

旬の食材や本マグロのおいしいこと！ 高級な鮨屋でも、食事中心の懐石コースや握りのセットを選べば、そこまで値は張りません。

先ほど「高級ホテルでケーキセット」の話をしましたが、僕は高級ホテルのバーも好きです。**ノンアルコールでもありとあらゆるカクテル**を作ってくれます。「さわやかな」とか「甘めの」とか「微炭酸で」などの希望だけ伝えて、お任せすればOKです。

くつろいで贅沢な気分に浸り、満足したあとは、再び〝ケチケチ生活〟に戻ります。何事もメリハリが大切です。

セントレジスホテル大阪のイタリアンレストラン、ラ ベデュータにて、遅番の日に優雅ランチを食べてから出勤していた。前菜からパスタまで最高

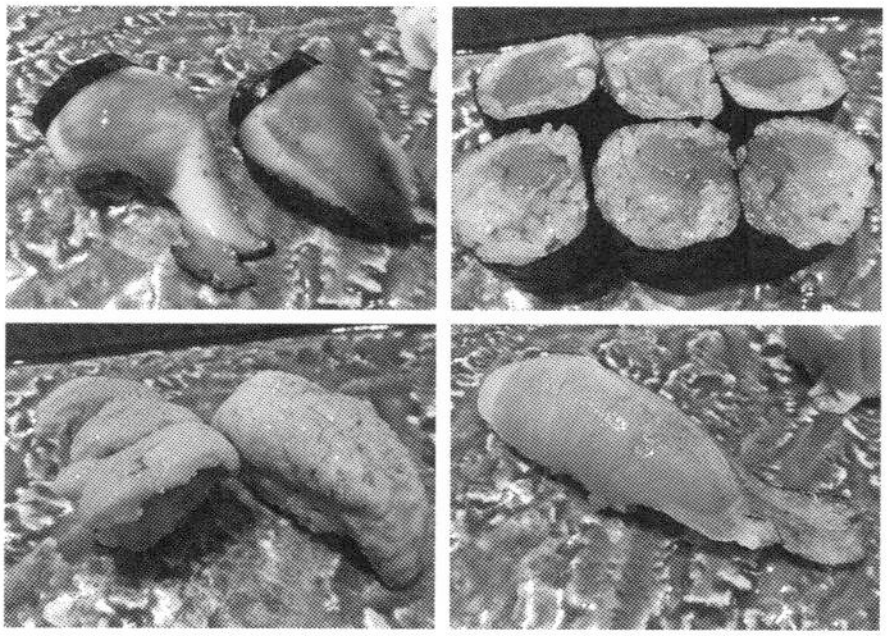

早番の日に一番乗りで北新地に鮨を食べに行くのも、たまのごほうびメシとして楽しんでいた。出てくる時点でネタに合わせて醤油や塩などの味つけはすべて完了していて、「至福」以外の言葉が見つからない

ザ・リッツ・カールトン大阪のザ・ロビーラウンジにて。バーではなく、ラウンジの奥にひっそりとある隠れ家的空間。ノンアルコールのストロベリーカクテルをオーダー、確か8000円ほどした記憶が。この上なく優雅な気分になれる、たまの贅沢

# 第4章

# FIRE早期達成のための「貯金&投資」超実践プラン

## 貯蓄も資産運用もゴールベースで考える

ＦＩＲＥを実現するためには、労働で稼いだ収入から貯金しつつ、その一部を投資に回すことで「お金がお金を稼ぐ仕組み」を作ることが大切。この章では、おけいどん式の「投資で増やす」手法を解説します。

「働かないで運用益だけで暮らす」という**黄金の均衡状態を手に入れるためには「○歳までに○○○○万円（もしくは○億円）の資産を築いてＦＩＲＥを達成する」という明確な目標をあらかじめ設定**しておくことが大切です。

ただなんとなくお金を貯めて……というのでは絶対に（と断言してしまいます）、うまくいきません。賃金は伸びず、退職金もそんなに期待できない時代です。あなたの強い意志でゴールを決めて、予定を立てることが必要なのです。

いつまでにいくら、という自分の中の〝目標〟が決まったら、その**目標をいったんのゴールとして据えます。そして、ゴールに至るまでどのようなポイントを乗り越えればいいか、５カ年計画を策定**してみましょう。

最初の5年で○○万円の貯金と○○○万円の投資、利回りの目標は○%といった具合です。さらに5カ年計画を1年ごとに分けて「年間目標」も作成。日々、その目標を達成すべく運用していきます。

企業は、中期経営計画を作り、それをもとに年間計画（決算予想も含む）、四半期計画、事業別予算、部門予算、個人目標と、ゴールを達成するための細部の目標を練り上げていきます。われわれ個人も、人生で大きな目標を達成するときは、先にセットゴールをして、そこに向かってアプローチをしたほうがいいと思うのです。

僕は**日本を含む世界の高配当株もしくは増配株に投資して、配当金を再投資にあてる手法**で「お金がお金を勝手に稼いでくれる仕組み」を作っています。

## 配当のない成長株をメインの投資対象にしない理由とは

目先の利益だけを考えると、アマゾン・ドット・コムやテスラに代表される米国の**成長株（配当なし）**に投資したほうが、ここ数年の実績でいうとパフォーマンスは断然よかったです。でも、その投資法は株式市場の状況や企業の業績に左右されすぎるので、安定志向の僕の好みではありません。

株式投資の利益には、買った株が、買い値よりも上昇したときにタイミングよく売ることで得られる「**値上がり益**（**キャピタルゲイン**）」と、企業が毎年稼ぐ収益の一部をオーナーである株主に還元する「**配当金**（**インカムゲイン**）」の2つがあります。

ゴールベースで考えると、僕の場合、すでに築き上げた資産の運用益だけで暮らせるというメドが立っています。となると、いつか成長が止まって株価が下落し、肝心の元本が目減りしてしまうリスクがある株は買いたくないのです。

FIREを達成して穏やかに暮らすためには、高配当株および増配株を長期で保有しながら、その企業の**配当金で生活する手法**のほうが合っていると思いました。

値上がりした株を毎年少しずつ売ってその年の生活資金を捻出する、という方法ももちろんあります。しかし、持っている株が値上がりしなかった年は、投資元本をそのまま取り崩すことになります。万が一、リーマンショック級の大暴落が発生したら、これまで上昇してきた分、下落率もかなり大きなものになりかねません。

高配当株なら、原則として**毎年支払われる配当金を生活資金にあてるだけなので、元本**

**自体を取り崩す必要がありません。**

もちろん高配当株にもリスクはあります。金融危機の際には株価も下がり、業績悪化で配当金が減額される「**減配**」**リスク**が怖いです。だから、できるだけ減配をしなさそうな株、連続増配株などを調べて厳選し、分散投資することでリスクを回避しています。

僕は年金受け取り開始を68歳にしようと思っていますが、それまで20年以上あります。少なくとも年金受け取り開始までは、配当を生み出してくれる元本である資産を1円たりとも取り崩したくないのです。

投資法は投資している金額や年齢とともに変わっていくものですから、限定しすぎるのも考えものですが……。20代、30代は成長株に投資して値上がり益をどんどん増やし、年齢が高くなって資産額が大きくなったら〝なるべく減らさない〟安定投資にシフトするのもいいと思います。

年齢が高くなると、失敗を取り返すチャンスも時間も少なくなります。そして、動かす資産の金額が大きくなると、下落率は同じでも下落額自体が非常に大きくなるので、すべてを取り戻すことが難しくなるかもしれません。10万円やられるのと100万円やられるのでは、精神的にも全然違います。

よって、FIRE目前か、無事達成した後は、生活の土台を支える資産自体があまり増えもしないが減りもしない**安定した値動きの高配当株（もしくは増配株）を保有し、配当金だけで生活していく手法**が安心だと思います。

## 僕がコロナ禍でひっそり買った株

2020年は新型コロナウイルス感染症の影響で、世界中の株価が乱高下しました。僕は3月に大暴落したときはじっと耐えて、相場が落ち着くのが確認できた5月頃から、コロナ禍でも業績が安定していそうな、配当を維持できそうな株、または増配を続ける国内外の優良配当株の安値を狙って粛々《しゅくしゅく》と追加購入していました。

リモートワーク、巣ごもり消費関連として業績アップが期待され、株価も急上昇したIT関連の無配株には目もくれませんでした。投資はゴールベースで考えるべきものと信じているからです。

僕は現在のゴールを「**60歳時点で年間配当金240万円以上**」にセットしています。株式の値上がり益よりも配当金に重きを置いているわけです。

そのゴールに向けて、コロナショックのような乱高下相場ではどう動いたらいいのでしょうか。株価が下がっている場面は、ある意味、高配当株を普段より安いバーゲンセールで買える大チャンスだと考えました。

本来は超優良の株なのに、大暴落につられて安くなっている銘柄がゴロゴロしていました。暴落時に超優良株を安値で買えれば効率的です。ということで、高配当株、増配株の株価が下がったところで小出しに買い下がる、という戦術をとりました。60歳で年間240万円の配当という明確なゴールがあるからこそ、迷わず行えた投資法といえます。

## 初任給をどう振り分けたらいいか

これからFIREを目指す方、特に若い方は、どのような投資をすればよいのでしょうか。まずは資金の振り分け方からお伝えします。

初めてもらった給料をどう振り分けるか。極端すぎるかもしれませんが、20歳前後から100歳になる80年先まで見据えて考えます。

ここからは、おけいどんの心からのアドバイスとして聞いてください。給料の大半を、もらったばかりの「今」だけで使い果たすことだけはしないでください。

理想的なパターンを紹介しましょう。**手取り月給20万円から7万円貯金&7万円投資**です。「え!? 14万円も先取りしたら、残りはたったの6万円しかないじゃないか」と不満に思うかもしれません。独身の方の生活費は6万円もあれば十分です。既婚のサラリーマンの平均小遣いは月2万～4万円なのです。独身時代に消費レベルを高く設定すると、あとから節約しようとしても、苦労します。

「家賃はどうするの?」という苦情も聞こえてきそうです。首都圏や関西圏でも家賃4万円ぐらいの物件は会社や駅から遠いところなら見つかるでしょう。とはいえ賃貸住宅に住む場合は**手取り月給20万円の中から貯金&投資に回す資金を各5万円**ぐらいまでに減額するのはやむをえないかもしれません。

勤務先が格安で住める**社員寮**を保有していないか、**家賃補助制度**がないかもチェックしましょう。多少会社から遠くても、実家に住める人は迷わず実家に住んでください。

20代から30代前半は、仕事が忙しくて家には寝に帰るだけという人も多いでしょう。そういう状況なら会社帰りの飲みも少ないでしょうから、支出も減ります。

スパルタ式と思われるかもしれませんが、**手取り収入の半分以上は貯金&投資に回すという「給料の半分貯金スタイル」**を実践してほしいと思います。

次ページの**図9**で、毎月、貯金7万円&投資7万円を続けた場合の資産形成をシミュレーションしてみました。年間でいうと**貯金84万円&投資84万円**となります。

理想的な投資先は、ここ30年以上、資産が安定的に伸びている米国株の代表的な指数「S&P500」に投資するETF（上場投資信託）とします。**過去30年の年間平均のリターンは約7%（配当金再投資込みでは約11%）**です。指数というと難しく聞こえるのですが、日経平均株価と同じようなものです。後でもう少し詳しく解説します。

年84万円の貯金&投資84万円の7%運用を**29年続ければ、資産は1億円になります。**これは絵に描いた餅ではなく事実です。23歳からのスタートだと、52歳で1億円に到達することになります。途中で結婚や出産など、ライフスタイルに変化が出て、収入以上に支出が増える時期もあるでしょう。その場合は共働きをしたり、副業をしたりして、それまで以上の収入を確保したうえで貯金と投資にいそしむことになります。

図9

## 年84万円貯金＋年84万円投資を29年間続ければ1億円！

| 年　数 | ①貯金した金額 | ②投資した金額 | ①＋②（資産合計） |
|---|---|---|---|
| 始めた年 | 84万円 | 84万円 | 168万円 |
| 1年後 | 168万円 | 173万円 | 341万円 |
| 2年後 | 252万円 | 270万円 | 522万円 |
| 3年後 | 336万円 | 372万円 | 708万円 |
| 4年後 | 420万円 | 483万円 | 903万円 |
| 5年後 | 504万円 | 600万円 | 1104万円 |
| 6年後 | 588万円 | 726万円 | 1314万円 |
| 7年後 | 672万円 | 861万円 | 1533万円 |
| 8年後 | 756万円 | 1006万円 | 1762万円 |
| 9年後 | 840万円 | 1160万円 | 2000万円 |
| 10年後 | 924万円 | 1325万円 | 2249万円 |
| 11年後 | 1008万円 | 1502万円 | 2510万円 |
| 12年後 | 1092万円 | 1691万円 | 2783万円 |
| 13年後 | 1176万円 | 1894万円 | 3070万円 |
| 14年後 | 1260万円 | 2110万円 | 3370万円 |
| 15年後 | 1344万円 | 2342万円 | 3686万円 |
| 16年後 | 1428万円 | 2590万円 | 4018万円 |
| 17年後 | 1512万円 | 2855万円 | 4367万円 |
| 18年後 | 1596万円 | 3139万円 | 4735万円 |
| 19年後 | 1680万円 | 3443万円 | 5123万円 |
| 20年後 | 1764万円 | 3768万円 | 5532万円 |
| 21年後 | 1848万円 | 4116万円 | 5964万円 |
| 22年後 | 1932万円 | 4488万円 | 6420万円 |
| 23年後 | 2016万円 | 4886万円 | 6902万円 |
| 24年後 | 2100万円 | 5312万円 | 7412万円 |
| 25年後 | 2184万円 | 5768万円 | 7952万円 |
| 26年後 | 2268万円 | 6256万円 | 8524万円 |
| 27年後 | 2352万円 | 6778万円 | 9130万円 |
| 28年後 | 2436万円 | 7337万円 | 9773万円 |
| 29年後 | 2520万円 | 7934万円 | 1億454万円 |

※毎月7万円を貯金、同じく7万円を投資（つまりいずれも年間84万円）した場合の資産の増え方をシミュレーション。貯金は金利ゼロで計算、投資の複利計算に関しては小数点以下も含めてシミュレーションしたうえで小数点以下を切り捨てて表示。投資先はアメリカのS&P500に投資するETFで、1年あたり7%のリターンが得られると仮定。「7%」というリターンの設定はあくまで過去の実績に基づくものであり、今後の保証をするものではありません。

資産の増加に貢献しているのは投資に回したお金です。年間7％の複利運用を長期間にわたって続けられたことが、資産大躍進の原動力になっています。

「利回り7％なんて無理」という声も聞こえてきそうですが、米国の株価指数であるS＆P500は1990〜2020年の30年間にわたって、配当金を含まないパフォーマンスで**年平均約7％、配当金も含めると年平均で約11％も上昇**しています。

## 初心者には米国の株価指数S＆P500がおすすめ

S＆P500は米国を代表する株価指数です。ニューヨーク証券取引所と、IT株の多いナスダック市場などに上場している、米国を代表する**企業500社の株価を各社の時価総額に応じて平均しながら算出**したもの。米国の格付け会社スタンダード＆プアーズ社がこの指数を設定したことから「S＆P」と、同社の名前をつけて呼ばれています。

このS＆P500に投資すれば、米国の大企業のうち優良な500社にまとめて投資できることになります。500社にそれぞれ投資することは個人では難しいので、それぞれに投資したときと同じような値動きになる金融商品がETFなのです。株式と同じように売買できます。売買手数料も株式と同じです。それ以外では信託報酬という運用コストがかかりますが、これは基準価額（株式で言うと株価）から差し引かれています。

S&P500のETFはさまざまな運用会社が取り扱っています。その中で最も規模が大きい「**SPDR S&P500 ETF**」（**ティッカーコード・SPY**）をのぞいてみましょう。500の企業が入っているといっても、それぞれ同じ金額になっているわけではありません。

時価総額（会社の規模）が大きいものは、それだけ多めに組み入れられています。上位12社と組み入れ比率は**図10**の通りです。

2020年12月にS&P500への採用が決まった**テスラ**が、いきなり5位に入っていますね。それより上位にあるのは、**アップル、マイクロソフト、アマゾン、フェイスブック**。テスラのすぐうしろに**グーグルの親会社のアルファベット**のクラスA株（議決権がある）とクラスC株（議決権がない）が続いています。

日本人でもよく知っている、米国の巨大IT企業がずらりと並んでいることがおわかりになるでしょう。8位以降の銘柄も、東京証券取引所には上場していませんが、日本人に

図10

## S&P500の組み入れ上位12銘柄

| 会社名 | ティッカー | 組み入れ比率 | 業種 |
|---|---|---|---|
| アップル<br>Apple Inc. | AAPL | 6.79% | 情報技術 |
| マイクロソフト<br>Microsoft Corporation | MSFT | 5.33% | 情報技術 |
| アマゾン・ドット・コム<br>Amazon.com Inc. | AMZN | 4.45% | 一般消費財・サービス |
| フェイスブック<br>Facebook Inc. Class A | FB | 2.08% | コミュニケーション・サービス |
| テスラ<br>Tesla Inc | TSLA | 1.67% | 一般消費財・サービス |
| アルファベットA株<br>Alphabet Inc. Class A | GOOGL | 1.66% | コミュニケーション・サービス |
| アルファベットC株<br>Alphabet Inc. Class C | GOOG | 1.61% | コミュニケーション・サービス |
| バークシャー・ハサウェイ<br>Berkshire Hathaway Inc. Class B | BRKB | 1.42% | 金融 |
| ジョンソン・エンド・ジョンソン<br>Johnson & Johnson | JNJ | 1.31% | ヘルスケア |
| JPモルガン・チェース・アンド・カンパニー<br>JPMorgan Chase & Co. | JPM | 1.21% | 金融 |
| ビザ<br>Visa Inc. Class A | V | 1.18% | 情報技術 |
| プロクター・アンド・ギャンブル<br>The Procter & Gamble Company | PG | 1.09% | 生活必需品 |

※組み入れ比率はS&P500に連動する米国ETF「SPDR S&P500ETF」の2020年12月末時点のもの

も有名な企業ばかりです。

ここまで例として挙げてきた「SPDR S&P500 ETF」は、ステート・ストリート・グローバル・アドバイザーズという運用会社のものです。

ほかに、ブラックロック傘下の**「iシェアーズ S&P500 米国株 ETF」（ティッカーコード・IVV）**もあります。ETF自体の規模はSPDRより小さいですが、信託報酬というコストが少し低いです。

SPDRもiシェアーズも本家はアメリカですが、東証にもほぼ同じETFが上場していて、日本円で買えます。東証のほうの信託報酬を見ると、SPDRが0・0945%、iシェアーズが0・0825%（いずれも2021年1月26日現在）。両者は規模こそ違えど中身は同じS&P500のETFなので、値動きに変わりはありません。

iシェアーズのS&P500米国株ETFは2000年5月に運用を開始していますが、設定来の値動きは**図11**の通り。約20年で見ると見事な右肩上がりです。とはいえ、このETFは2000年に始まるITバブル崩壊から2001年9月11日のアメリカ同時多発テロという市場の最悪期に誕生していますので、出足2年のパフォーマンスは最悪でした。

図11

## iシェアーズ S&P500米国株ETFの設定来の推移

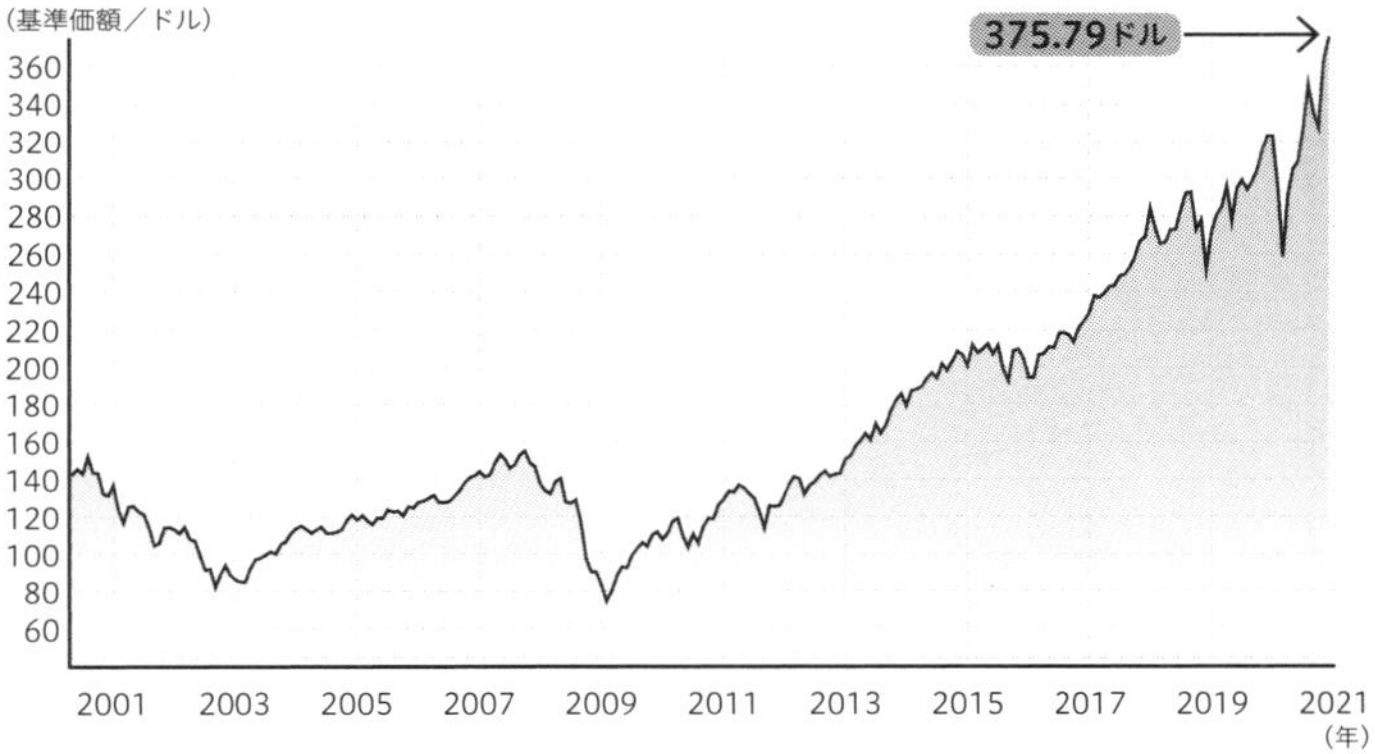


その後、２００８～２００９年のリーマンショック時もガクンと下がっています。それでも、これまで約20年間の年平均上昇率は約５％（ちなみに30年だと７％）です。

低金利、というかほぼゼロ金利に慣れてしまった日本人の感覚からすると、利回り５％や７％で増やすなんて不可能で怪しいと思ってしまうかもしれませんが、不可能でも怪しくもないのです。

Ｓ＆Ｐ５００は世界的に見ても間違いなくポピュラーな株価指数です。中身はアップル、マイクロソフト、アマゾンやフェイスブックがメイン。初心者の投資先としても優良であると自信を持っていえます。

## 米国株ならニューヨーク・ダウじゃないの？

S&P500をすすめると、少し金融の知識がある人は「**ニューヨーク・ダウ**のほうが安定的じゃないの？」と聞いてきます。

確かにニューヨーク・ダウ（正式名称はダウ・ジョーンズ工業株30種平均）はニュースなどでもよく報じられますし、S&P500より有名です。

ニューヨーク・ダウの構成銘柄は30社の「**ブルーチップ**」と呼ばれる優良企業です。基本は30社の株価を足して30で割っただけの単純平均なので、一部の株価水準が高い銘柄の影響を受けやすくなっています。ニューヨーク・ダウのETFもありますし、買うことを否定はしませんが、どちらかといえば僕はS&P500を推したいと思います。

「**日経平均株価**はどうかな？」という人もいます。ご存じ、日本株の代表的な株価指数です。日本経済新聞社が選んだ、日本を代表する225社の株価を単純平均して算出されています。

もちろん日経平均株価も有名な株価指数ですが、S&P500に比べたら、世界的な注目はそれほどではありません。また、日経平均株価はS&P500に比べて、構成銘柄の入れ替えが少ないことが成長を妨げているように思います。1軍と2軍、といってもいいぐらいです。日経平均株価の動きを大きく左右する銘柄の中で有名どころといえば、ユニクロのファーストリテイリングやソフトバンクグループなどです。

これらも優良企業ではありますが、アップルやマイクロソフトのこの先20年の成長と比較して、あなたがどう予想するかです。ユニクロやソフトバンクの勝ちだ！　と確信するなら、日経平均株価のETFを買うのもいいでしょう。

ところで、アメリカ人の中には「401k」と呼ばれる確定拠出年金制度を通じてS&P500のETFなどに投資し、「儲かった」「資産が倍になった」と喜んでいる人が少なくありません。アメリカ以外の世界中の多くの投資家もまた、S&P500に投資して多額の利益を得ています。

日本人は投資に対する拒否反応が先進国の中でも強いほうです。「怖い」「危ない」「面倒くさい」「わからない」「難しい」「忙しい」という人が大半です。この**投資格差**を乗り越えない限り、FIREはありえません。

## S&P500は日本円建てで買おう

**FIRE達成の最適解はS&P500に積立投資をすること**です。毎月コツコツ積み立てるだけ。買うタイミングを気にしたりする必要もないので技術もいりません。誰にでもできます。

そうはいっても、ここまで紹介してきたETFはドル建て。外国株取引口座を開設したり、日本円を米国ドルに両替したりする必要があります。それはハードルが高いと感じるかもしれません。でも今は日本円で簡単にS&P500へ投資することができるようになりました。

初心者のみなさんは、**日本株の市場に上場しているS&P500のETF**か、銀行や証券会社で買えるS&P500の投資信託を買ったほうがラクだと思います。なんといっても日本円で買えますので。僕もそうしています。

S&P500に連動して動くETFは東京証券取引所にたくさんの銘柄が上場しています。一番ポピュラーなのは、128ページで紹介した「SPDR S&P500 ETF」

の日本版で、証券コードは1557です。僕が買っているのは、コストが少し低い「**iシェアーズ S&P500 米国株 ETF**」(**1655**)です。

投資信託でいえば、三菱UFJ国際投信の「eMAXIS Slim 米国株式(S&P500)」、SBIアセットマネジメントの「SBI・バンガードS&P500・インデックス・ファンド」が大人気です。

投資信託も昔はETFより信託報酬という年間コストが高かったのですが、今紹介した2本はいずれも0・09%台まで下がっており、販売手数料も無料です。利益にかかる税金が非課税になる「つみたてNISA」で買うのも最高にいいと思います。

## 為替リスクが怖いならヘッジ型をチョイス

海外への投資について調べ始めると、「為替リスクもあるのか」ということに気づきます。価格の上げ下げだけでなく、買ったときの為替レートより円高が進んだら、損してしまうのです。そんなリスクまで背負いたくないという方には、ドル円の為替変動の影響を排除した「円ヘッジ型」のS&P500ETFもあります。たとえば、「iシェアーズ S&P

500米国株ETF（為替ヘッジあり）」（2563）などがそうです。

個人的にはヘッジ型はあまりおすすめしませんが……。日本株に投資していても円高になると株価は下がる傾向にあります。日本企業は海外に製品を輸出して稼いでいるケースが多く、円高になると海外での収益が日本円ベースで目減りしてしまうからです。

円高になるとドルベースで投資している海外投資家にとって日本株が割高になるので買い控えが起きがちなことも、理由として挙げられます。これらも一種の為替リスクのようなものではないでしょうか。

為替レートは通常、ボックス圏といわれる上限・下限の値幅の中を上がったり下がったりすることが多いものです。突然、1ドルが1円になったり300円になったりすることはありません。ドル建ての金融商品を売却するときは、買い値よりも円安が進んで有利になったときを狙えばいいと思います。

長期の積立投資ではそれほど為替レートを気にすることはありません。投資額に対する運用結果を見れば、為替リスクは吸収できているはずです。また、円安に動いたときは為替による利益も得られるわけですから、悪いことばかりではありません。

## おけいどんが今、日本株に新規投資していない理由

20代から投資を始めた僕は、2017年までは日本株メインの売買をしていました。株式投資を始めた1990年代後半にはまだ米国株に投資するという発想が一般的ではなかったからです。

証券会社で日本円をドルに両替したり、外国株を買ったりするときの手数料が高額だったのも、外国株を避けた理由の1つです。

日本株に投資するときも高配当株志向は強く、**今も僕のポートフォリオの50%以上は日本の高配当株**です。

以前は**中小型株の中から「成長株」といわれる銘柄**を選んで投資していたこともありました。東証2部上場銘柄に投資していたこともあります。20代、30代の頃は配当だけではなく、値上がり益も狙っていました。

その結果はどうだったのでしょうか。もちろん儲かることもありましたが、相場環境が悪化すると買った株の株価が半分になるなど、大きな損失もこうむりました。株価がみる

みる下がっていく様子を見るのはつらかったです。

中小型株は会社の規模を示す時価総額も小さく、成長期待が高まれば株価は青天井で上がりますが、いったん投資家の過剰な期待が裏切られたり、新興市場に流入する資金の巡りが悪くなったりすると、無残なぐらいに下落します。

不祥事はもちろん、1つの事業所が火災に遭うなど、ちょっとした事故や事件が起こっただけでも企業業績に与える影響が大きく、株価も敏感に動きます。本当にハイリスク・ハイリターンの世界で、初心者が手を出すといつかヤケドをすると思います。

安定重視の僕は、株式市場に〝たくさんの授業料〟を払ったうえで、自然と中小型株をさわらなくなりました。そして**大型株を中心に取引**するようになりました。値動きも中小型株より安定的でしたので、少しは安心できました。

そんな大型株でも、日本株の場合、素直に株価が右肩上がりになってくれないのが不満でした。株価指数を見れば明らかです。

**図12**は日経平均株価が１９８９年12月末に史上最高値の3万８９１5円をつけて以降の株価の推移です。２００８年10月を底に、２０１3年以降のアベノミクス相場で上昇に転

図12

## 日経平均株価のバブル最高値以降の推移

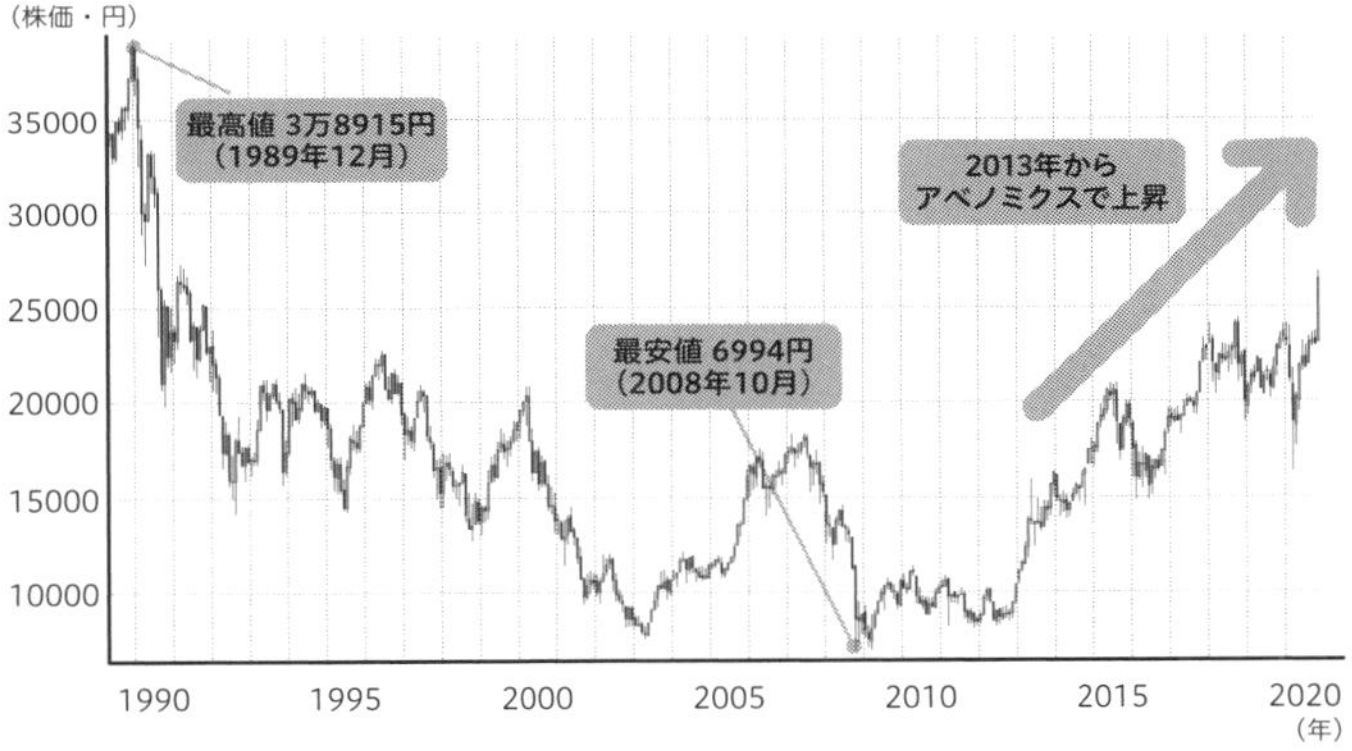


じてはいますが、全体として見れば右肩上がりではありません。バブル崩壊から30年以上もたっているのに……。

米国のＳ＆Ｐ５００が長期上昇を続けて、世界中の投資家を幸せにしているのと比べれば、雲泥の差といっていいでしょう。

日本株は全体としてこんな感じなので、どんなに優良な株に投資しても、Ｓ＆Ｐ５００のような上昇どころか、長期的な上昇自体に期待を持ちにくいと思いました。

さらに日本株は、北朝鮮や中国との緊張関係など、**地政学的リスクや政治リスク、株の買い手と売り手の需給関係が株価に与える影響**が強すぎるように思います。

外国人投資家が買ってこないと上がらないし、外国人投資家が売るとすぐ下がってしまうのも切ないです。

そこで40歳を過ぎた頃から投資対象を日本株から米国株にも広げ始めました。引き金になったのは2015〜2018年に頻発した日本の大手企業の不祥事でした。東芝の粉飾決算問題（2015年）、三菱自動車の燃費偽装問題（2016年）、三菱マテリアルの品質データ改ざん問題（2017年）、日産自動車のゴーン会長逮捕（2018年）といった事件が頻発したのです。

一部の会社は僕も株を保有していました。株価は大きく値下がりし、損失が出たわけですが、僕は株価下落以上に日本の大企業のガバナンス意識の低さに絶望しました。これが一番の原動力になって、株式投資の主戦場を外国株に移すことにしたのです。

FIREを目指して株式投資を始める人に日本株ではなく、米国株をはじめとする外国株をおすすめする理由も、この件が大きいです。

愛国心は人一倍あるほうだと思うのですが……。正直にいいますと、もっと早く気づけばよかったと少し後悔しています。

## 米国の高配当株または増配株を選んだ理由は7つ

僕、おけいどんが米国の高配当または増配株をメインの投資対象に選んだ理由は次の7つになります。

①先ほども述べた日本企業のガバナンス問題です。それに比べて米国企業はガバナンスがしっかりしていることがわかりました。

②これも先ほどS&P500の説明で出てきましたが、米国の株価は歴史的に右肩上がりで推移しているからです。

S&P500に限らず、ニューヨーク・ダウもナスダック総合指数も、すべてが右肩上がり。史上最高値を更新し続けています。

③日本株メインの時代も、僕は一部の資金で投資信託を通じた米国株投資を行っていました。改めてそれらを点検すると、見事に投資結果はプラスになっており、今後も有望だと感じました。

④結局、日本株の命運を握るのは売買高の7割を占める外国人投資家で、日本株は米国株にかなり連動しています。だったら米国株に投資したら話が早いじゃないかと考えるようになりました。

⑤**米国は人口増加国**であり、まだ成長を続けるだろう、と思いました。

⑥米国の企業は、日本企業のように利益剰余金のような内部留保を意味もなく社内に貯め込まず、稼いだ利益は次の事業に投資する、もしくは自社株買いか配当にあてています。**成長に対するあくなき欲求**、成長がゆるやかなら**株主に報いる使命感が日本企業の比ではありません**。

また、日本企業のように安易に公募増資をして、既存の株式の価値を棄損させたりもしません。株主還元を強く意識している企業が多いことが魅力です。

⑦長期投資においては、為替リスクがそれほど大きなリスクにはならないことに気がつきました。

僕は2017年11月から2カ月間、徹底的に米国株について勉強しました。そのうえで2018年1月より海外の個別株投資をスタートさせています。

## 高配当株長期投資の始まりは地味だが絶景に変わる

外国株投資を始めて数年しか経過していませんが、今では全世界の高配当株もしくは増配株に投資をして、配当金をせっせと再投資に回すという地味な戦略を立てています。投資しているのは約70銘柄です。

ごく一部の資金は米国のＩＴ企業など、無配当の成長株にも投資していますが、メインは、毎年ちゃりんちゃりんと果実を生んでくれる高配当株もしくは増配株です。

20代の頃は投資している資金自体が少なかったので、株の配当金も年間数千円程度からのスタートでした。あまりに少額すぎてつまらなかったことを覚えています。だからこそ値上がり益狙いの日本株にも手を出したわけですが。

でも、「働く」「貯める」で積み上げたお金を投資に回して、投資金額が少しずつ大きくなると、配当金もそれに比例して育っていきました。すると、見えてくる景色も少しずつ変わっていくのです。

配当金が年間10万円、20万円、30万円……と増えるにしたがって、副収入としての魅力が増します。年間60万円、つまり1カ月ベースでいうと平均5万円にもなると、立派な生活費の補助になるでしょう。

僕の場合、配当金が年間100万円以上になったあたりから自分の中で見えていた景色がガラリと変わりました。

その配当金100万円を配当利回り3％（税引き後）の株に再投資するだけで、翌年の配当金は3万円ほど増加する計算になります。それが複利効果で、えんえんと続いていくのです。すばらしいではないですか。

**自宅にATMがあるような感覚**。これが高配当株投資の大きな魅力です。最初は地味であまり楽しくもないのですが、毎年もらえる配当金も再投資に回すことで加速度的に資産が増えていくようになると、幸せを感じます。

100万円の株でもらえる配当金だけを再投資して3％複利で回すと、5年後には116万円、10年後には134万円、15年後に156万円まで増えます。

さらに、働いて貯めたお金を毎月5万円、ボーナス時20万円×年2回で毎年100万円ずつ追加投資して、その資金を配当利回り3％の高配当株に再投資し続ければどうなるでしょうか。

10年目には1146万円、20年目には2687万円、30年目には4758万円まで資産を増やせます。

31年目で投資資金の追加はストップしたとしましょう。それ以降の年間配当金は、「4758万円×3％＝**142万7400円**」。12で割ると配当金による収入は**月約12万円**です（次ページの**図13**）。

暮らし方によってはセミリタイアが見えてくる金額ですね。少なくとも、残業なしの時短社員になるなど、働き方のスタイルを変えることは可能になるでしょう。

いかがでしょうか？　一見地味に見える高配当株の長期投資＆配当金再投資ですが、こうして試算してみると、着実に資産を築けることがおわかりいただけたのではないでしょうか。セミリタイア、アーリーリタイアを希望する人にとって、確かなFIRE達成への道になると思います。

初めは地味です。年間数千円です。そんな途中のつまらない風景も、コツコツ続けることで、いつの間にか絶景に変わるのです。

図13

## 年間100万円追加投資、3%複利でもらえる配当金

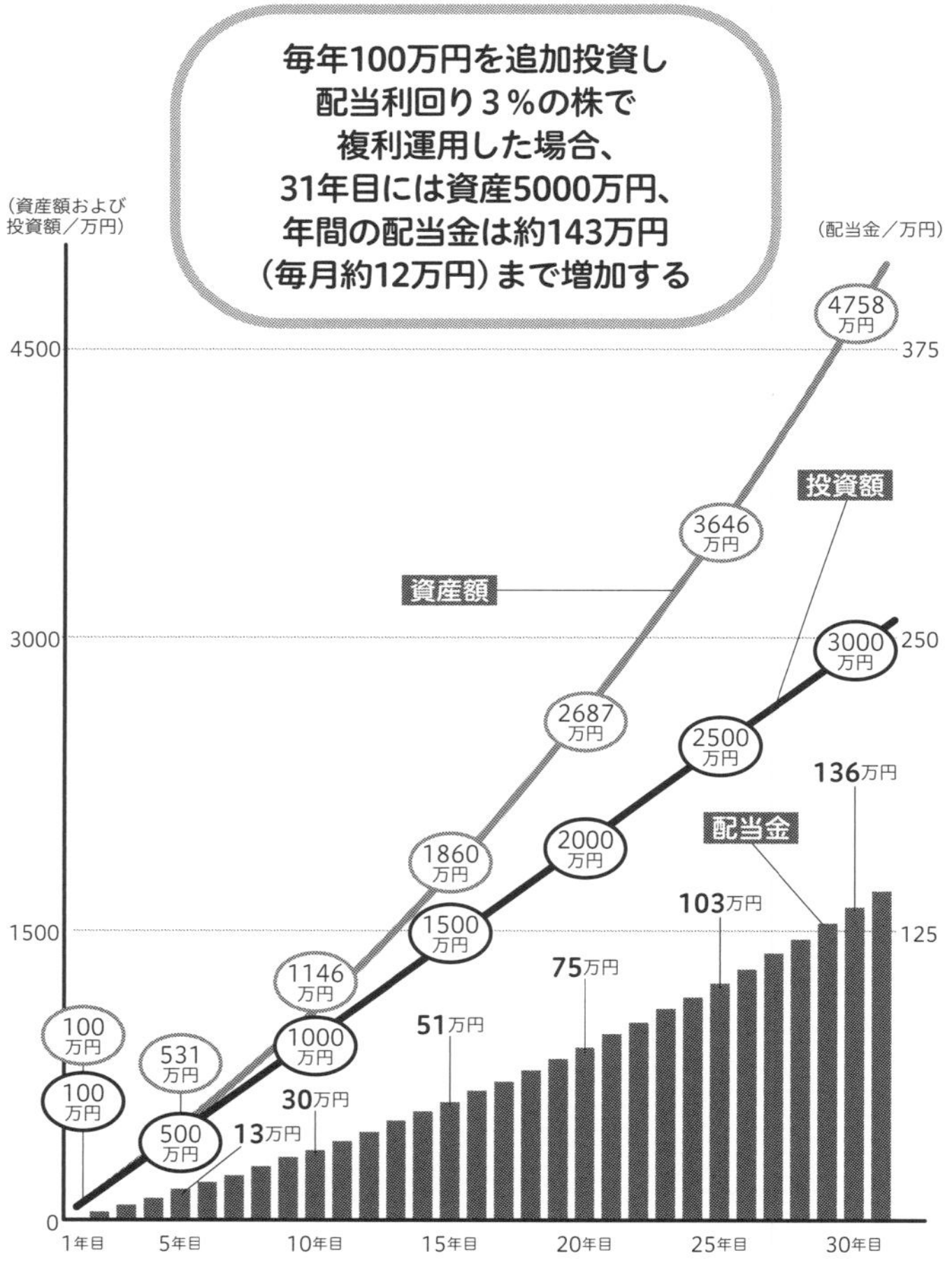

# 第5章

# 目指せ自宅ATM！
# FIRE向け
# 個別株の選び方

## おけいどん式・株の選び方を伝授します

僕が世界中の企業の中からどうやって有望な投資先銘柄を探してくるのか？　みなさんも知りたい部分だと思いますので詳しく解説します。

高配当株の場合、その企業が毎年支払う配当金を株価で割った「**配当利回り**」、増配株の場合は前年の配当金に比べた今年の配当金の「**増配率**」に注目します。成長株の場合は「**増収増益率**」などを基準に成長性を判断するのが株式投資の基本です。

ただし、一概にそこだけ見て投資するのは危険です。有望な高配当株・増配株には共通点がありますので、そこから解説しましょう。

### ①そもそも儲かる事業をしているか？　参入障壁は？

外国株に限ったことではないですが、株の銘柄を選ぶときは、そもそも論として、**その企業が持続的に儲かる事業をしているのか**どうかを確認しましょう。

事業内容を把握したうえで、その業界内でのその企業のポジションを調べます。市場シェアや技術力、その優位性などを吟味したうえで、決算書を見て「**営業利益 ÷ 売上高**」

で**「営業利益率」を計算**します。その企業がどれぐらいの収益性を持っているか、この営業利益率を見ればその会社の総合力がわかります。**同じ業界なら市場シェアもしくは営業利益率がナンバーワンの企業に投資する**ようにしています。

そのほかにも開発力（研究開発・設備投資にかけている費用）、成長の見通し、参入障壁の高さやブランド力もチェックします。

僕が保有している銘柄でいうと、**半導体受託製造世界ナンバーワンの台湾積体電路製造（ＴＳＭＣ）**は、上記のすべての項目をコンプリートした有望銘柄です。

マニアックな銘柄に思えるかもしれませんが、２０２０年12月末の時価総額は世界12位で日本のトヨタ自動車（同世界39位）よりも大きな会社です。２０１９年には半導体の製造委託元４９９社から製造を受託し、２７２種類の技術を用いて、１万７６１もの製品を受託製造しています。

まさに世界最大級の半導体ファウンドリ（半導体チップを実際に製造する会社のこと）です。アップルのｉＰｈｏｎｅに入っている半導体をはじめ、ＴＳＭＣ以外で、最先端の半導体を納期通りに大量生産できる会社は韓国のサムスン電子ぐらいしかないのでは？

同社の2019年12月期の**営業利益率は34・8％**と高水準です。

2020年、世界に先駆けて回線幅が5nm（ナノメートル＝10億分の1）の半導体チップの生産に着手するなど、技術力も世界一。**自己資本比率も71％**と高く、財務力も超優秀です。配当金の減配リスクは現状では皆無といっていいです。

こういう非の打ちどころのない会社があちらこちらに上場しているのが、米国株もしくは米国市場に上場している外国株の大きな魅力なのです。

個別銘柄を挙げたらキリがないのですが、世界的にも秀でた特徴別に、僕が保有している銘柄の一部を紹介します。

**●技術がスゴイ↓メドトロニック**（心臓のペースメーカーの先駆者で世界シェア1位）

**●ブランド力が強い↓プロクター・アンド・ギャンブル、マクドナルド**

**●スイッチングコストが高い**（その製品をほかのものに切り替えるコストが高く参入障壁になっている）**↓マイクロソフト**（「Office」のパソコンでのシェアは驚異的）

**●インフラ↓通信、電力、鉄道、ガス会社全般**（大規模なインフラが必要な業界は参入障壁が高く、寡占も進んでいます。高配当というより超安定配当株が多いのも魅力です）

## 参入障壁の高い株は収益性も高く高配当を持続しやすい

僕が特に注目しているのは、技術力、ブランド力、市場支配力、寡占など、**その企業が持つ参入障壁の高さ**です。

たとえば、外食産業はいいアイデアがあっても、瞬《また》く間に真似をされます。自動車（ただしＥＶは除く）、鉄鋼、造船、化学、資源など重厚長大産業はジリ貧の業界も多く、パイの奪い合いが激しいのが難点です。

増配株などを選ぶ際には、**その企業が勝負している市場に成長性や将来性があって、その市場で最先端を行っている会社を選ぶ**ほうが、配当金とともに株価の上昇にも期待が持てます。

先ほど紹介したＴＳＭＣは、半導体がＩｏＴ（もののインターネット化）や自動運転技術、５Ｇ通信、遠隔医療など今後も成長できる分野に使われるため、株価も配当も成長が見込めると判断しています。

「**国策に売りなし**」といわれるように、国策銘柄にも注目です。２０２１年現在、民主党のジョー・バイデン氏が米国大統領を務めます。彼の掲げるクリーンエネルギーという国策に乗った企業はこれから少なくとも4年間は、業績も好調で人気も高まるでしょう。

米国株の情報を仕入れる意味でおすすめなのは東洋経済新報社が年2回出している『米国会社四季報』です。僕は年1冊だけ買うようにしています。

## ②その会社にとって都合の悪いことは？　時価総額は？

投資先を決めるときは、リスクについても十分に確認します。いい点と悪い点、両方を理解することが大切です。投資することを先に決めてから分析すると、いい点ばかりに目が向いてしまい、失敗することになりかねません。

特に、大手の証券会社の企業レポートなどは、その株を買わせるのが目的なので、推奨する企業の悪いところはあまり書かないことがあります。悪い点に関しては、その企業のサイト（時にはニュースも活用）に英文であたるなどして、ちゃんと自分で判断する必要も出てきます。しっかり一次情報にあたって確かめるのです。

幸い今は、グーグル・クロームなどのブラウザで右クリックをすると、稚拙ではありますが和訳してくれます。英語ができなくても意味はわかります。

会社の規模を示す**時価総額**にも注目します。IPO（新規株式公開）直後などは、あまりに会社の規模が小さい企業だと、株価のボラティリティ（変動率）も高くなります。時価総額100億円の株に100億円の新規資金が入ってくれば、株価はすぐ2倍になりますが、逆にその100億円の資金が流出すれば瞬く間に半値になってしまいます。

**時価総額が大きな会社だと多少のお金が流入、流出しても株価はビクともせず、安定感のある値動き**が期待できます。

## ③業績は？　財務状況は？　PER、ROEは？

会社の優位性やリスク、時価総額などを見て、「この会社は有望だ」と思ったら、その企業の業績を見ていきます。

いわゆる「**ファンダメンタルズ分析**」というもので、その会社のここ数年の**売上高や利益、財務状況、PER（株価収益率）やROE（自己資本利益率）といった「株価指標」**を見て、「買うか買わないか」の最終判断を下します。

僕が特に注目しているのは、**売上高、本業で出している利益を示す営業利益、1株あたり利益（「EPS」といいます）**です。

売上高、営業利益、1株あたり利益のすべてが毎年、増加していると理想的です。さらに増加率も確認します。一時的な業績の落ち込みぐらいなら見逃しますが、1株あたり利益が上がっているのに数年間にわたって売上高が下がっているなどは、成長性に限界がありります。やはり**売上高が成長し、利益も成長してこその企業成長、株価成長および増配なので、増収増益が続いていることが基本**です。

## ④高配当の原資となる財務状況は2つの指標でチェック

財務状況で確認するのは「**フリーキャッシュフロー**」と「**自己資本比率**」です。「フリーキャッシュフロー」とは、会社が事業活動で得た現金の中で自由に使えるお金のこと。通常は**営業キャッシュフロー（営業活動で得たお金）から投資キャッシュフロー（投資活動に使ったお金）を引いて計算**します。

「自己資本比率」は、**会社の総資本に占める純資産の割合**のことで、このパーセンテージが高ければ高いほど、負債ではなく自社のお金を使って事業を展開していることになるので、**財務健全性が高く配当余力も高い**と判断できます。

両方とも増加しているのが理想ですが、米国株の場合は自己資本比率をそこまで重視していません。フリーキャッシュフローはコロナ禍のような事態が起きたとき、頼みの綱になる「現金」がどれだけあるかを示しているので重視しています。

「**PER**」は株式投資ではとてもよく使われる指標で、その会社の1株あたり利益に対して株価が何倍まで買われているかを倍率で示します。

株価が現時点で会社が稼いでいる利益の何年分まで買われているかを示した指標ともいえます。たとえば、PERが10倍であれば、その企業の株価は「10年分の利益」まで織り込まれているわけです。

米国市場の成長株ではPERが3ケタのことも多々あります。1株あたり利益の100年分以上の水準まで株が買われているということですね。

**高配当という視点で株を選ぶ場合、PERは30倍でも割高**に感じます。ただ、毎年配当金の増額を行っている増配株の場合（例えば、TSMC）は、売上高や利益が伸びているからこそ配当を増額できるという意味で、成長株の側面も持っています。そうした**成長株寄りの増配株ならPER30倍も妥当**かもしれません。30倍で高いと判断するのは、通信、電力、鉄道、ガスなどすでに成熟しきった業種に属する高配当株や増配株の場合です。

PERに関しては業界によって平均水準が異なるので、同業他社との比較も必要になります。たとえば、僕は**カナダの通信大手BCE**という会社の株を保有しています。通信業界であり成熟産業なので、増配株ですがPERは20倍弱です。

一方、**米国の巨大IT企業マイクロソフト**の場合、クラウドビジネスなどがまだ急成長している面もあるので、同じく増配株ながらも**PERは35倍前後**になっています。マイクロソフトの成長性を考えるならば35倍は妥当といえるでしょう。

このように、PERというのは高いからダメ、低いからお買い得というわけでは決してないので、投資判断には注意が必要です。

一方「**ROE**」は、株主が投じた資本をもとに、会社がどれだけの利益を稼いでいるかを示したもので、いかに効率よく会社を経営しているかがわかります。

米国でROEはPER以上に注目度の高い指標といわれているようです。日本株ではROE8%が1つの目安といわれますが、米国株の場合、**ROEは2ケタ、つまり10%以上は欲しい**ところです。ROEがあまりに低いと経営効率が悪く、株価が低迷する原因になる可能性があります。

図14

## 初心者でもコレだけは覚えてほしい大事な公式

# 株価＝EPS×PER

Earnings Per Share
（1株あたり利益）

その年の企業の純利益を発行済み株式数で割ったもの。単位は「ドル」や「円」。順調に伸びていればOK

Price Earnings Ratio
（株価収益率）

株価が1株あたり利益の何倍まで買われているかを示す。単位は「倍」。標準は米国株20倍、日本株15倍

ここまで紹介してきた株価指標は、ネット証券のホームページなどで初心者でも調べることができます。

では、株価はどうやって決まっていくのでしょうか。それを単純な掛け算で表したのが、**図14**にも示した次の公式です。

**「株価＝EPS×PER」**

この公式は投資初心者にも、ぜひ覚えてほしいものです。その株が高いか安いかを判断するのに必要な公式なのです。

先ほども解説しましたが、EPSは1株あたり利益のこと。純利益を発行済み株式数で割って算出します。EPSは高いほどよく、年々伸びているのが理想的です。

一方のＰＥＲは、株価がＥＰＳ（１株あたり利益）の何倍まで買われているかという、〝利益から見た株価の割安性〟を示します。

ＰＥＲが高い株というのは、**１年で挙げる利益を何十年分も先取りした価格まで株価が上昇**しているわけですから、投資家のその会社に対する成長期待が高く、人気があると判断できます。逆にＰＥＲが低い会社は人気がないともいえます。

ＰＥＲの計算式は「ＰＥＲ＝株価÷ＥＰＳ」になります。ということは、ＥＰＳを計算式の右から左に持っていくと「**ＥＰＳ×ＰＥＲ＝株価**」となり、先ほど述べた公式になるわけです。例えば、ＥＰＳが２００円でＰＥＲが20倍なら、株価は４０００円となり、利益の20年分まで株が買われていることになります。

つまり、株価が上がるパターンには次の３つがあるということです。

**①ＥＰＳが高くなり株価が上がる**
**②ＰＥＲが高くなり株価が上がる**
**③ＥＰＳ、ＰＥＲの両方とも高くなり株価が上がる**

３パターンのうち、どれが好ましいのでしょうか？　答えは①か③です。

株価は本来、業績の良し悪し――つまりEPSの増減によって決まるものです。EPSが高くなることで株価が上がる①のパターンが一番、よいのです。

EPSの伸びが好調なので、その株に対する人気が高まり、PERも連動して上昇していく③のパターンも①の次に好ましいです。

②のようにEPSは成長していないのにPERだけが上昇している状態は、バブルの可能性があります。投資家の人気だけで株価が上がっており、好業績をともなっていないので、いつ株価が下がってもおかしくありません。将来的なEPSの成長が見込まれるなら話は別ですが、そうでない場合は実体をともなっていないと判断するのです。つまり将来性を見抜く目が必要になります。

2020年はコロナ禍で企業業績が落ち込んでいるにもかかわらず、世界各国の中央銀行や政府が大規模な金融緩和や財政出動をすることで、お金がじゃぶじゃぶに余っていました。それが株式市場に大挙して流れ込み、株高が続いています。

こういった相場を「**金融相場**」といいます。金融相場では、総じて**投資家の**「**人気投票**」**が過熱するので、PERは高くなりがち**です。

２０１９年までの株高はトランプ前大統領の減税政策で企業の好業績が続いたことによる「業績相場」でした。つまり２０１９年と２０２０年の株高は、同じ株高とはいえ中身がまったく異なります。

２０２１年はコロナ禍が終息に向かい、実体経済が少しずつ回復して、**２０２０年の金融相場から再び業績相場にリレーされていくのが望ましい**ところです。

このまま２０２０年のようにＥＰＳの伸びをともなわない株価上昇でＰＥＲだけが上昇し続けると、いつかバブルが弾けてしまうリスクがあると僕は危惧しています。

## ⑤自社株買いの可能性は？　チャートの形は？

株価が上がるきっかけの１つとして、「**自社株買い**」があります。自社株買いは企業が本業で得た利益などで、自社の株を買うことです。

自社株買いが行われると市場に流通する株式の数が減るので１株あたりの価値が上がり、結果、株価が上昇する起爆剤になります。また、企業が市場で直接、株を買い上げることが直接的な株価上昇にもつながります。

**自社株買いは配当金と同じく、株主還元策の１つ**として行われます。海外、特に米国市場では非常に一般的で、中には本業で挙げた利益ではなく、低金利で借りやすくなった借金を使って自社株買いを行うケースもあります。

さすがに借金してまで自社株買いとなると、どこか本末転倒かと思いますが……。純粋に本業で得た利益を自社株買いの資金にあてている場合は、株主に手厚い還元をする企業ということで評価できます。

そのため僕は、投資先を選ぶとき、その会社が自社株買いを過去に行っているかどうかについても確認します。**1度でも自社株買いを行った企業はまた行う可能性がある**ので好ましく感じます。

最後のチェックポイントは、やはり過去の値動きを記録した「**株価チャート**」です。現在の株価水準が過去に比べて、どのあたりにあるのかは必ず見ます。

最も参考にしているのは、過去5年の株価の値動きを示した**5年チャート**です。もしも株価が右肩下がりの下降トレンドにある場合は投資を見送ります。

長期的な右肩下がりで推移している場合、そう簡単に株価は反転しないと思うからです。安定的な値動きは好きですが、上がりそうにない株は嫌いです。

## 高配当の理由を見極めてから買う

高配当株の場合、税引き前の段階で3%以上の配当利回りを求めます。ただし、業種によっては3%未満でも投資することがあります。たとえば、鉄道株の配当利回りは日本株では1%未満のことが珍しくないのですが、米国株の場合、2%程度でも投資することにしています。

また、高配当である理由を調べます。特別な理由がなければ次の2つのいずれかです。

**①増配による高配当**

**②株価低迷による高配当**

高配当株投資では、必ず①の銘柄を選びましょう。配当利回りというのは「**1株あたりの配当金 ÷ 株価**」で計算されるので、**分母にあたる株価が下がると、配当金の額が同じでも配当利回りが高くなってしまう仕組み**になっています。

②のように、株価が低迷することで高配当になってしまう銘柄が多数、存在しているのです。これは高配当株の〝罠〟なので気をつけてください。株価が下がるのには必ず理由

がありますから「ものすごい高利回りだからお買い得だ」と飛びつくのは危険です。

その後も株価の下落が続き、挙げ句の果てには業績悪化で配当金が減額（減配）されたら、さらに株価が下落してしまいます。あまりに悪い株なら倒産という最悪のシナリオにもなりかねません。そのためにも株価チャートをよく見て、長期的に**株価が右肩上がりか、せめて横ばい、もしくは株価が一定の値幅で上下するような動き（これを「ボックス圏で動いている」などと表現します）の高配当株を買う**ようにしてください。

## 増配株は連続性と増配率もチェックしよう

高配当株（もしくは低配当株でも）の中には、企業努力や市場シェアの拡大で利益を積み増し、その分を株主に毎年、上乗せして還元してくれる「**増配株**」もあります。

米国には、**64年間ずっと増配を続けている日用生活品大手のプロクター・アンド・ギャンブル**（**P&G**）や、**62年連続増配のスリーエム**、**58年連続増配のコカ・コーラ**、同じく**58年連続増配のジョンソン・エンド・ジョンソン**など、信じられないほど長期にわたって配当を増額（増配）しつづけている超優良企業があります。

こうした企業に関しては、配当利回りに加えて、毎年、どれぐらいの比率で配当を増額しているかという「増配率」や連続増配年数が評価のポイントになります。

投資したときはそれほど高配当ではなくても、増配を続けてくれることで、自分が買った株価に対する利回りがどんどん上がっていくのが増配株の魅力です。

増配は株価上昇の原動力にもなりますから、こういった株に若いうちから投資して長期保有していると、株価上昇も期待できます。

ゆくゆくは**自分がその株を買った買い値に対して利回り4%とか5%の配当金をもらいつつ、株価上昇による含み益もたっぷりある、という理想郷**を味わえるかもしれません。

## 「配当性向」にも気配りすれば万全

配当に着目して株を買う場合、**その会社が稼ぐ年間利益の何%を配当金に回しているかを示す**「**配当性向**」にも注目しましょう。

配当性向は「**1株あたりの配当金÷1株あたり利益**」で計算できます。これは高ければ高いほどいいというものではありません。100%に近い会社は、利益のほぼすべてを配当に回していることになりますから、かなり無理な配当をしているか、まったく成長性がないという見方もできます。

米国企業の場合、稼いだ利益を新規事業や設備投資に回しつつ、残りはほぼ全額を株主に還元することが多いです。意味もなくお金を貯め込んでおくようなことはしません。

平均的には1株あたり利益の40~50%を配当に回しています。そのため、**米国株の配当性向は40~50%**あたりが、ちょうどいい「適温」の水準だと思います。

残った50~60%の利益は自社株買いに回すことが多く、こちらは配当金として還元はされないのですが、株価を上昇させてくれる原動力になります。

日本株の配当性向は30~40%、自社株買いは10~20%、残りの30~50%が内部留保のパターンが多いですから、米国株はあまりにも手厚い株主還元ぶりですね。

## 無配成長株の選別の基準は「儲かる事業×高いシェア×市場の成長」

値上がり益を狙って成長株に投資する場合は、高配当株や増配株とはまったく違った切り口で評価すべきです。

成長が続いている企業は、本業で稼いだ利益を株主にほとんど還元せず、さらなる成長を目指して**新規の事業投資や設備投資**に資金を回していきます。そのため無配（配当を出さない）の場合も多いです。

成長株の選別基準は、その企業が手がけている事業が持続的に利益の上がるものか、増収増益が毎年続いているか。そして増収増益率はどの程度か、市場シェアは高いか、市場自体がさらに成長していけるのか、といったものになります。

業績が赤字でも、ＩＴなどの最先端分野で今後、市場の拡大・成長が見込めるようなら、投資もありえます。

もちろん、株価があまりにも割高すぎる銘柄は排除したいので、ＰＥＲなども一応の判断材料にはします。僕の選別基準をわかりやすくいうと「**儲かる事業×高いシェア×市場の成長**」です。業績の成長や財務の健全性も併せてチェックしながら判断しています。

参考までに、僕が現在投資している外国株の保有金額上位10銘柄を公開します（**図15**）。外国株のポートフォリオ全体では15カ国と地域の高配当株、増配株、そして一部の資金で成長株に投資しています。

図15

## おけいどんが〝お宝〟として保有する最新外国株／ETF（上場投信）トップ10

| 順位 | 銘柄名 | 市場 | ティッカー証券コード | 投資対象国 | 株価 | コメント |
|---|---|---|---|---|---|---|
| 1 | MICROSOFT CORP | NASDAQ | MSFT | アメリカ | 225.95ドル | ご存じ、マイクロソフト社。新規ビジネスにも積極的で、クラウドサービスも伸びている。いまだ成長株であり、増配株でもある。 |
| 2 | VISA INC A | NYSE | V | アメリカ | 202.02ドル | クレカ決済の世界シェア約60％、キャッシュレス市場の拡大も追い風。高い営業利益率×高いシェア×市場拡大で今後も期待。増配株。 |
| 3 | iシェアーズ S&P 500 米国株 ETF | 東証ETF | 1655 | アメリカ | 2854円 | 東京証券取引所に上場しているので、日本株と同じ感覚で買えるETF（上場投資信託）。コストも低く、1株単位で売買できる。 |
| 4 | ライオンフィリップ S-REIT ETF | SGX | LIOP | シンガポール | 1.121シンガポールドル | シンガポールの不動産投資信託（S-REIT）。シンガポールは不動産の需給バランスが崩れにくい国で値動きも安定的、分配金も高め。 |
| 5 | TAIWAN SEMICONDUCTOR ADR | NYSE | TSM | 台湾 | 129.14ドル | 台湾セミコンダクター・マニュファクチャリング社。世界トップクラスの半導体製造技術を有し、高シェア、しかも好財務。増配株。 |
| 6 | ASML HOLDING NYRS | NASDAQ | ASML | オランダ | 569.45ドル | 半導体製造装置メーカーで、世界中の半導体メーカーの8割以上が同社の露光装置を使うという。増配株。 |
| 7 | MSCI INC | NYSE | MSCI | アメリカ | 411.88ドル | 株価指数の算出や分析を行う金融サービス企業。利益率が高く、儲かるビジネスモデル。配当を出し始めてまだ数年だが、増配が続く。 |
| 8 | BCE INC | NYSE | BCE | カナダ | 43.03ドル | カナダ通信大手。値動きも安定的、40ドル台前半で買い増しを検討。配当自体も高め。増配株。 |
| 9 | VANGUARD HIGH DIVIDEND YIELD ETF | NYSE | VYM | アメリカ | 94.06ドル | バンガード・米国高配当株式ETFという日本語名の通り、アメリカの高配当な株式を組み入れたETF。バンガード社は世界最大級の運用会社。 |
| 10 | PROCTER & GAMBLE CO | NYSE | PG | アメリカ | 130ドル | 「P&G」ブランドの製品は日本でも「パンパース」「アリエール」「レノア」「ウィスパー」など有名なものばかり。連続増配60年以上。 |

※データは2021年1月22日現在。おけいどんの保有金額が多い順に掲載。銘柄名の表記について、検索するサイトによっては社名が日本語表記になっている場合もあるため、ご自身で調べる際はティッカーまたは証券コードを利用してください。

僕は新興国の株式にも投資をしていますが、自分自身の経験から初心者にはおすすめしません。**新興国の株式は値動きが不安定です。企業としてのあり方も米国企業に比べると劣っていることが多く、投資情報が得にくいところもデメリット**です。新興国の場合、インフレ率が高いのでどうしても現地の通貨がドルや円に対して安くなっていきがち。その結果、為替で損失をこうむるリスクが高い点にも注意が必要です。

## 証券会社の無料セミナーはかなりグッド

いい投資先（銘柄）を見つけるヒントを得るため、**証券会社の無料セミナー**に参加するのもいいでしょう。投資先だけではなく、自分が見つけられない情報や、ためになる視点、考え方を教えてもらえることがあります。僕は「タダほど怖いものはない」と思う一方で「タダほど安いものはない」という発想もあるので、大手証券会社や銀行などが開催している投資セミナーにはなるべく参加するようにしています。

今は自宅にいながら受講可能なオンラインセミナーもあります。**米国株投資を行っている投資家さんのブログ**も銘柄発掘のきっかけやヒントになります。ただし、セミナーやブログで「これは有望な銘柄だ」と知っても、必ず自分自身で「本当にそうなのか」を独自に分析してください。

**自分自身の頭できちんと判断**すること。投資ではこれが一番大切です。そこを他人任せにしていたら、いつまでたっても銘柄選別や投資判断の力は養われません。

いったん投資したら、それで「はい、終わり」というわけではありません。長期保有のつもりで投資していても、持っている銘柄の**決算をチェックし、購入当初に思い描いた成長ストーリー（見通し）が持続しているかどうか**を確認しましょう。

こういったケアや手間が苦手な方は、第4章でおすすめした**株式指数の王様・S&P500米国株ETFや投資信託に、何も考えず毎月コツコツ定額積立投資**をしてください。

## GAFAやS&P500のチャートと比較しない

高配当株にしても増配株にしても、会社が稼いだ利益を新規事業への投資にそれほど回さず、株主に還元している時点で、**株価上昇の「可能性」という意味では無配成長株に負けています。**

実際、高配当株や高利回りのREIT（不動産投資信託）などに投資していると、株価の上昇率はそれほどよくありません。世界に君臨する巨大IT企業の「GAFA」（グーグル＝アルファベット、アップル、フェイスブック、アマゾン）のチャートと見比べた場合、比較にならないほど、上昇力という点では劣っています。こうしたIT企業はおろか、**S&P500のパフォーマンスにすら遅れ**をとっています。

でも、そこでガッカリしてはいけません。そもそもの投資の**目的が違う**からです。僕は株価成長を求めて高配当株に投資しているわけではありません。FIRE後の生活資金となる、配当金の獲得が9割方の目的です。だからGAFAやS&P500の値動きと比較することにはなんの意味もないのです。投資の土俵が違うのですから。

テニスと卓球のように、柔道と剣道のように、競技が異なるといえばわかりやすいでしょうか。高配当株投資家が、成長株のチャートに憧れても仕方ないです。

もし、あなたがまだ若くて働いていて、今はFIREを達成するための最初のタネ銭作りをさっさと済ませたいと思っているのなら、GAFA株などのIT株に投資するのも悪くないでしょう。**人工知能、自動運転、5G、クラウドやオンラインビジネス**といった、今後、急成長が見込めそうな分野の成長株に投資するほうが、手っ取り早く資金を作ることができるかもしれません。もちろんリスクはお忘れなく。

## 為替を味方につけるおけいどん式テクニック

米国株に投資する前段階の話ですが、あなたが持つ〝日本の円〟を〝米国のドル〟に両替する必要があります。

本書では一貫して外国株に投資する際、それほど為替リスクに敏感になる必要はないと述べてきました。いきなり1ドル1円になることもなければ1ドル300円になることもありません。ここ数年でいえば、おおむね100～120円のレンジで上がったり下がったりしています。そういう、ある一定の幅で動いているだけです。リーマンショックや東日本大震災などで70～80円台を記録した時期もありましたが、有事の際は円が買われて円高になる傾向があります。

僕は、円高ドル安になったら保有する円をドルに両替する「ドル転」のチャンスととらえています。逆に円安ドル高になったら保有する米国株の日本円ベースで見た資産価値が上昇していることになり、うれしいです。しかも円安になると保有している日本株の株価も上がることが多いので、さらに含み益が増えます。

つまり**円高でも円安でもどちらでもうれしい、という気持ち**なわけです。今すぐ米国株を買わなくても、数カ月以内に買うつもりなら、その支払いにあてるドルを**安めのレート（円高）であらかじめ買っておく**のは有効だと思っています。

## それでも日本株を買いたい人に教える高配当大型株

初心者でも、いきなり米国株の株価指数であるS&P500のETFや投資信託で運用したほうが結果的に成績はよくなるというのが僕の持論ですが、それでも身近な日本株に投資したいという方もいらっしゃるでしょう。

僕自身も2018年以降は外国の高配当・増配株を大きく増やしましたが、それまでは日本株がメインの投資対象でしたし、今も**投資資金の50%以上は日本株で保有**しています。

では、日本株はどんな選別基準で選べばいいのでしょうか？

日本株の場合、成長株は時価総額が低くて株価が乱高下しやすい東証マザーズやジャスダックなどの新興企業の株式しかないも同然です。

そのため、ひたすら安定志向の僕が投資対象とするのは、**高配当かつ日本株の中で時価総額上位100銘柄以内に入るような大型株**です。

選ぶポイントは、やはり**配当利回り**。次に、ファンダメンタルズ分析（直近5年程度の業績および財務状況、PER、ROE）。もちろん5年チャートも見ます。このあたりは、前述した外国株の選び方と同じです。

そもそも論として、その企業が持続的に儲かる事業をしているのかどうかを確認するのもいうまでもありません。ただ、日本株の場合は米国株以上に、業績や財務状態を厳しく見ます。赤字企業には絶対に投資しません。

さらに日本株については株価上昇はほとんど期待せず、配当金だけが目的なので、**配当利回り3・5%**（税引き前）**以上の株を選びます**。

これまた外国株のところで触れましたが、配当利回りの高い株であっても株価下落により配当利回りが高くなっている株は見送ります。

健全な高配当株というのは、業績が安定しています。成長株ほどではないにせよ、**多少**

**なりとも増収増益が続いて、配当金も毎年少しずつ増額しているような銘柄**に投資できれば文句はありません。

安定して配当を続けるためには財務の状態が良好であることも重要なので、自己資本比率はできれば**60％以上**であることが好ましく（金融業を除く）、**最低でも40％**は欲しいと思います。

ＰＥＲに関しては、東証1部上場銘柄なら10〜30倍の間におさまっています。セクターにもよりますが、**ＰＥＲが15倍より低ければ割安なので買ってもいいかな**、という目安になります。

日本企業のＲＯＥは米国企業に比べて低めですが、**できれば2ケタ、最低でも8％**は必要でしょう。

配当性向も確認します。先ほどもいいましたが、日本企業の場合、その企業が稼いだ利益のうち配当に回すのが30〜40％、自社株買いに回すのが10〜20％、残りの30〜50％は内部留保として貯め込むのが一般的なパターンです。

余談になりますが、僕おけいどんは**株主優待目当ての投資は一切しません**。銘柄を選ぶ際に優待があるかどうかは判断基準に入れていません。選んだ銘柄がたまたま優待株である場合はありますが、優待品が送られてきて初めて気づくこともあるぐらいです。

## 優待株投資はナンセンスだと思う

優待株投資をしない理由は、おいしいグルメギフトや食事券、買い物券がもらえることで銘柄を選択した結果、株価がどんどん下がってしまったり、配当が減ってしまったりするのは〝木を見て森を見ず〟だと思うからです。ナンセンスだと思いませんか？　特に、無配なのに株主優待を実施している企業なんて、どうなのかと思います。

年間2000円相当の優待品をもらって喜びながら、株価が下がって2万円の含み損を抱えたのでは、株式投資をしている意味がありません。

**投資とは、資産を形成するものであって、優待を目当てにするものではないのです。**このように僕は、優待株投資に関して結構シビアに考えています。

以上が日本株についての僕の選び方になります。米国株とほぼ同じですが、高配当な超大型優良株を長く持つ投資方針で臨んでいます。

現在の僕の日本株ポートフォリオを見てみましょう（図16）。２０２０年、**株数を一番多く持っている三菱商事**に投資の神様ウォーレン・バフェット氏が資金を投じたというニュースで株価が上昇しました。また、**NTTドコモ株**もNTTが４兆円もの資金を投じてTOB（株式公開買い付け）したことにより株価が上昇しました。僕はその後、同社株を売りNTTを買いました。

一方で、業績悪化で減配するなど、高配当とはいえない銘柄もあります。もちろん増配している銘柄もありますので、全体的には補い合っていると満足しています。複数の銘柄に分散投資してポートフォリオを作るのは、そういった〝補い合い〟に期待するものだとも思っています。

ただ、無配に転落してしまって、配当が復活する気配がないときは、方針転換して売却することも当然あります。

「値上がり益は狙わない」と言い切ってしまいたくはないですが、日本株については配当狙いに特化しており、「**じぶん年金**」**という位置づけ**です。保有比率の高い上位銘柄のみ決算もチェックしているぐらいで、ある意味、**放ったらかし投資**になっています。

図16

## おけいどんが保有する最新日本株トップ10 〜配当と安定性にこだわって保有中〜

| 順位 | 銘柄名 | 証券コード | 株価 | 配当利回り | PER | ROE | EPS | コメント |
|---|---|---|---|---|---|---|---|---|
| 1 | 三菱商事 | 8058 | 2683.5円 | 4.99% | 19.8倍 | 9.8% | 135.5円 | 日本トップクラスの総合商社。配当株愛好家のド定番銘柄。 |
| 2 | 日本電信電話（NTT） | 9432 | 2699.5円 | 3.70% | 11.5倍 | 9.3% | 234.2円 | ご存じ、国内通信最大手。NTTドコモの完全子会社化でさらに巨大に。 |
| 3 | 三菱UFJフィナンシャル・グループ | 8306 | 483円 | 5.18% | 10.3倍 | 3.3% | 46.7円 | 3大メガバンクの雄。直近10年の株価推移で見れば400円台は安値圏。 |
| 4 | 三井住友フィナンシャルグループ | 8316 | 3339円 | 5.69% | 11.4倍 | 6.6% | 291.9円 | 経営効率のよさに定評あり。店舗改革が進んでいる。 |
| 5 | 積水ハウス | 1928 | 2128.5円 | 3.85% | 12.7倍 | 11.5% | 167.4円 | ハウスメーカーとして王様的存在で、配当利回りもしっかり。 |
| 6 | みずほフィナンシャルグループ | 8411 | 1407.5円 | 5.33% | 10.2倍 | 5.1% | 138円 | 低位高配当株の常連だったが2020年10月、株式併合で株価4ケタ台に。 |
| 7 | 東京瓦斯（東京ガス） | 9531 | 2298.5円 | 2.61% | 18.1倍 | 3.8% | 127円 | インフラ関連株は手堅いのできっちりホールド。 |
| 8 | 中国電力 | 9504 | 1271円 | 3.93% | 22.9倍 | 15.0% | 55.5円 | インフラの中でも電力は配当が高め。ほかの電力会社よりチャートが安定。 |
| 9 | オリックス | 8591 | 1734円 | 4.38% | 11.1倍 | 10.3% | 155.8円 | リース、不動産、環境エネルギー、保険など多方面で着実に経営。 |
| 10 | 東急不動産ホールディングス | 3289 | 565円 | 2.83% | 23.9倍 | 6.8% | 23.6円 | 両親が株主優待の高級ホテル割引券を楽しみにしているため保有（特例）。 |

※データは2021年1月22日現在。おけいどんの保有金額が多い順に掲載。銘柄名の表記について、検索するサイトによっては社名が異なる場合もあるため、ご自身で調べる際は証券コードを利用してください。

今後、日本株への追加投資は予定していません。**新規投資はすべて外国株を対象にするつもり**です。現状の日本株と外国株の比率は**53：47**ですが、1～2年後に**50：50**にしたいと思っています。

この先は、まとまった投資をせず、**時間分散して投資**していきます。時間だけでなく、資産の種類（株またはリート）、国、セクター、銘柄と、あらゆるものを分散することにより、リスクを減らしたいと思います。

## いかに長期保有が前提でも損切りは無感情で行う重要性

長期保有が大前提とはいえ、不祥事などで株価が今後も大きく下がりそうだと感じたり、投資対象に魅力がなくなったときは**損切り（損失を覚悟で売却すること）も必要**です。

投資初心者の方は特に、損切りが苦手です。買った株が予想に反してずるずる下がっても、損切りする勇気が持てず、気がついたら大量の含み損を抱えた「**塩漬け株**」**だけでポートフォリオが成り立っている残念な人**も多いようです。

「**自分の判断が間違っていた、つまり買った株が下がったら無感情で損切りする**」。これができない人は短期売買では即死しますし、長期投資でもいい結果が残せません。結局、株式投資のおかげで大切な老後資金を食いつぶしてしまった、という悲しい結果にもなりかねません。損切りは本当に重要です。

## ノキア株を情け容赦なく即刻、損切りした具体例

最近、僕が損切りをした実例をご紹介しましょう。**フィンランドの携帯基地局設備会社、ノキア**（ティッカーコードはＮＯＫ）です。ノキア株は２０１９年10月24日に無配転落と業績下方修正を発表して、**株価が1日で23％超も暴落**しました。１９９０年代以降、最大の下落幅でした。

保有している株にこうした非常事態が発生したときは、下落理由を調べなくてはなりません。たとえ、その投資が長期投資のつもりでも、必ず確認してください。

大暴落するからには、それなりの理由があります。外国株の情報収集の仕方としては、**企業公式サイトでニュースリリースをチェックする、海外ニュースを探す、SNSなどで誰かがつぶやいていないかを見る**（ただし、この場合は自分で必ず裏取りをすること）な

どが僕の調べ方になります。

2019年10月24日のノキア株急落に関しては、その理由をニュースで知りました。ほかにもいろいろと調べた結果、業績や配当が復活するまでには時間がかかりすぎるという結論に。そもそも僕がノキアに投資した理由は、**世界的な5G通信による成長期待と、利回り3%を超える継続的な配当金**でしたので、ストーリー（見通し）がはずれたわけです。

無配に転落し、すぐに復活する見込みが薄い時点で損切りの対象になります。いつまでも復活を待っていたら、その間、資金を拘束されてしまいます。ムダな時間とお金を不振企業に費やすぐらいなら、もっと優良な投資先が山ほどあります。

「その株につきあっていても損失を長期間、挽回できない」となれば、**優先されるのは資金効率と時間**です。損切りできない初心者の方もこの点は強く意識してください。

予想に反して値下がりした株を後生大事に塩漬けにして保有し続けるのは、**時間とお金を粗末にすること**です。早く損切りして現金化し、別の優良な株に投資したほうがベターなのです。

「ケチは財を成す」と繰り返してきましたが、ダメな株を保有していることで、新たな投資チャンスや時間を失うことに対してもドケチであってください。

損切りについてまとめます。「株価が急落↓正確な情報収集↓投資ルールおよび投資時のストーリー（見通し）に基づいて判断↓アクション（対処）」という手順で迅速に判断してください。その過程で一切、感情は入れないこと。株式投資では、自分自身に対して、また銘柄に対して、冷酷非情になることも大切なのです。

## 株価暴落時も「ゴールベース」で考えること

ところで、市場全体が暴落しているときは、どのように投資すればいいと思いますか？先が読めないから新たな投資をストップするのも1つの考え方です。

僕は株価暴落時も「**ゴールベースで考えること**」がとても重要だと考えています。

「50歳までに資産を1億円にしてアーリーリタイアする」「40歳までに年間の配当金を120万円にする」などが、自分のゴールだとしましょう。

そのゴールに向かっていくため、1年後、3年後、5年後、10年後には資産や配当金はどの程度増えていないといけないかを緻密に計画する、ということはすでに述べた通りです。ゴールを見据えて投資しているのですから、目先の株価乱高下に左右されることがあってはいけません。

僕の場合、現状のゴールは「60歳到達時点で年間配当金240万円」に設定しています。目先の暴落による保有株式の評価額の目減りよりも、今後の配当金収入というキャッシュフローに重きを置いているわけです。

そのゴールがしっかりしているからこそ、**暴落相場で株価が下がっている状況をチャンス**と思えるわけです。投資の「ゴール（計画や目的）」と、日々の投資でどう行動するかという「戦術」は、リンクさせましょう。市場（株価）の動きに惑わされないでください。

## 「〇〇ショック」はむしろ最高の買い場になっている！

過去を振り返ると、幾度となく、株式市場では「〇〇ショック」という名の株価の大幅下落が発生しています。

僕の中で最悪だったのは2008年秋のリーマンショックでしたが、ここ数年でも、2015年の中国人民元切り下げショック、2016年の英国EU離脱決定時のブレグジットショック、2018年2月の米国債利回り急騰による株価暴落、2018年年末の米中貿易戦争激化を嫌気した株価の急落、2020年にはコロナショックがありました。

この先も「〇〇ショック」は定期的に起こると思います。起こってほしくはありませんし、株式市場も望んでいるわけではないでしょうが、右肩上がりの株価上昇が続きすぎると、誰だって利益確定の誘惑にかられます。そういった欲望が積もりに積もったところに非常事態が重なると、株価は残酷なまでに暴落してしまうのです。機関投資家のコンピュータによる自動売買が根づいた今はそれが顕著です。

まだ株式投資を始めていない人や始める気がまったくない人は、**「こういう〇〇ショックがあるから株式投資は怖い」と思ってしまいがち**です。

マスコミが「過去最大の下落幅」や「リーマンショック以来の暴落」など、センセーショナルに報道するので、余計に不安な気持ちになると思います。

不安になったときは、過去の長期チャートを見直すと、また違った光景が見えます。

次ページの**図17**はニューヨーク・ダウの長期チャートです。わかりやすいところでいうと、2008年のリーマンショックで株価は大きく下げています。その時点より前に株式

図17

## ニューヨーク・ダウは20年以上右肩上がり

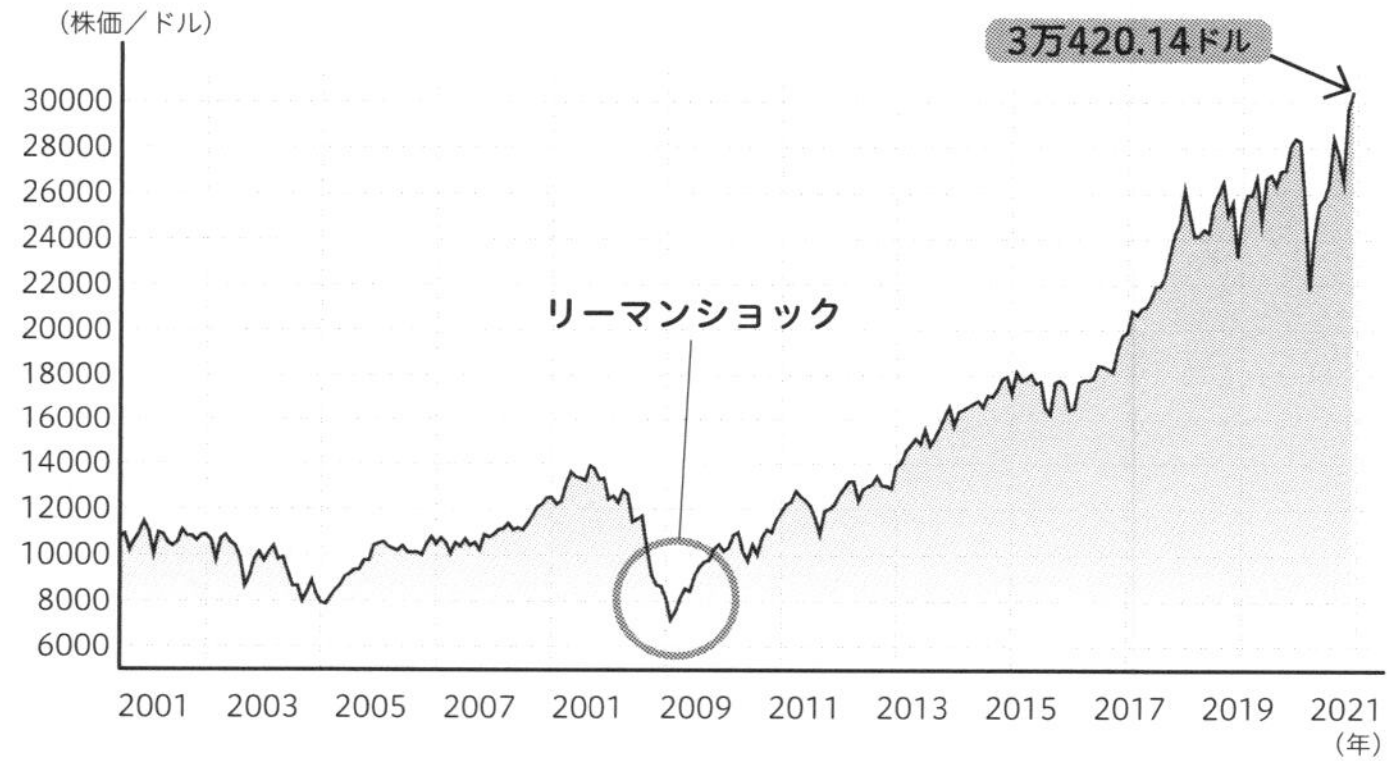


投資をしていたら大きな損失をこうむることになったでしょう。

でも、その後の値動きもちゃんと見てください。チャートを点ではなく、線でとらえてみるのです。**暴落した株価は着実に回復**し、**高値を更新**しています。

日本株はバブル期の最高値を更新できずにいますが、**米国株は歴史的に見て超長期の右肩上がり**が続いています。「〇〇ショック」のときは大打撃を受けて、もう立ち上がることができないのではないかと思っても、なんだかんだと立ち直っているのです。

逆にいうと「〇〇ショック」のときに株を買えば、その後の上昇で大きな利益を得ることができることに気づくはずです。

ここ20年近くの株価の動きを見ると、「○○ショック」といわれる大暴落はことごとく新規投資の最高のチャンスになってきました。もちろん、**市場が冷静さを取り戻すタイミングを計る**ことも大切です。落ちるナイフをつかむ必要はありません。最安値で買おうという欲張った心は捨てましょう。

ナイフが地面に刺さり、株価が反転したところで買えばいいと思います。そのためには**非常事態に株を買えるだけの現金（買付余力）を常に持っておきたい**ですね。

せっかくチャンスが来ているのに、投資するお金がまったくないのは困ります。**○○ショックは「持たざる者」が「持てる者」の立場に立てる絶好の機会**なのです。

こういう言い方をすると、「今は相場がいいみたいだから、投資を始めるのは暴落したときにしよう」と考える人がいらっしゃるのですが、いつ来るか分からない暴落を待つのは機会損失です。また、暴落時に果敢に買える初心者はほとんどいません。ある程度の経験があるからこそ買いに行けるのです。初心者の方は、あまり悩まずにできるだけ早く運用を始めましょう。積立投資ならタイミングを気にする必要もありません。

## 証券会社はネット証券と大手証券のダブル使いで

米国株を中心に外国株に投資する僕にとって、**外国株取引の手数料が安いネット証券は必要不可欠**です。僕は**SBI証券**をメインで利用しています。

日本株投資の場合は、ほかのネット証券でも手数料や取引のしやすさに大差はありません。でも米国株投資の場合、SBI証券なら系列の住信SBIネット銀行の口座とSBI証券の口座を連携することで、米ドルへの為替手数料を非常に安くできます。

**住信SBIネット銀行の米ドル／円の為替両替コストは片道たった4銭**。両社間の「外貨出入金サービス」を利用すると、住信SBIネット銀行で両替したドルをそのままSBI証券の米国株購入に使うことができるのです。もちろん、住信SBIネット銀行とSBI証券間の入出金手数料は無料です。

大手ネット証券では、為替の両替コストが片道25銭。あまり大きな文字で書かれていないので見逃しがちなのですが、両替コストもチリツモです。25銭といっても安いのは安いんですけどね。銀行の窓口での外貨預金は、なんと片道1円も取られる場合もあります。

今どきとんでもない高コストです。

さて、米国株の取扱銘柄数ではマネックス証券や楽天証券のほうが多いのですが、僕はSBI証券で困ったことはありません。むしろ、シンガポール株やベトナム株にも投資する僕にとって、アジア株の取り扱いも豊富なSBI証券はありがたい存在です。

取引はネット証券がメインですが、情報収集のために大手証券会社も大いに利用しています。**野村證券、大和証券、SMBC日興証券、アイザワ証券、岩井コスモ証券など、多くの証券会社を活用**しています。対面での情報発信という点においてネット証券は劣っているので窓口証券を使うわけです。

何も投資しないのは申し訳ないので、たとえば野村證券と日興証券では日本国債に投資したりしています。

口座があって少しでも取引していれば、受付や窓口で**投資資料や銘柄レポート**がもらえます。口座がなくとも多くのセミナーに出席できます。

投資において情報は何よりも貴重です。タダで価値ある情報収集ができると思えば、時間が許す限りセミナーに通ったほうがお得です。

# おわりに

念願のアーリーリタイアを実現した僕は、アーリーリタイアの話をマネー誌や新聞に取材されたり、親孝行したり、初めてのカレーや炒飯、錦糸玉子などの料理作りに励んだりしています。以前に健康診断で引っかかり、やっとのことで正常化させた中性脂肪の値を維持すべく、自転車を買って運動にも励んでいます。

毎朝、目覚まし時計に起こされるのではなく、自然に目覚めることを幸せに感じています。上司もおらず、就業規則もなく、定時もなく、命令もなく、残業もありません。

こうした自由の中、どう生きていくのか、アーリーリタイア前ははっきりした答えを出せずにいました。ネットで知り合ったＦＩＲＥの先輩からは「リタイア生活には時間とともに慣れていくから大丈夫」とアドバイスをいただきました。

実際にアーリーリタイア生活を始めて、僕自身も、そのように実感しています。人間は時間とともに変化に順応できるものなのですね。

家事力がまったくなかったおけいどんの小さな目標は「1人でカレーを作れるようになること」だった。今やカボチャを星型でくり抜いて飾る余裕まで。次なる目標は、日曜日の夕食を自分ですべて作って、母親を休ませること

毎日、ゆとりと自由がある中で、具体的にやることがあるのは大きいです。僕は投資家であり、父の事業を手伝っており、家事も一部を担っています。

もともとブロガーでもありましたから、今まで以上に熱を入れて丁寧にブログを書いています。ツイッターも日々、つぶやいてフォロワーの方と交流しています。

好きな仕事だけを選択して、好きな相手だけを選択して、好きな場所で、好きなときに仕事をする。それは労働というより「遊びの延長」にすら思えています。そんな遊びの延長からも自分をアップデートできています。

やはりアーリーリタイアは決して老後や隠居

ではないことがわかりました。日々、前向きな生活ができています。

家事の一部を担うようになったことで、母親から「会社を辞めてくれてありがとう」といわれました。これまで家を整えてくれていた母への感謝を改めて感じるとともに、今後は自分と家族の幸せを第一に考えたいと思っています。

次の人生の目標は「60歳で年間配当金240万円達成」という投資のゴールを実現したうえで、シニアマンションに入居することです。

シニアマンションとは、マンション内に、レストラン、ラウンジ、ライブラリー、大浴場、コンシェルジュ、趣味のサークル活動、病院、介護施設、24時間有人管理、看護師や介護士常駐など、さまざまな機能がある終《つい》の住処《すみか》です。

自室にはロボット掃除機を導入して、掃除はオートマチックで解決しようと思っています。僕が65歳になる18年後には自動運転車もすっかり普及しているでしょうから、価格と安全性によりますが、買いたいと思います。シニアマンションから、トヨタなりテスラなりの自動運転車で高級ホテルへ遊びに行くのが老後の目標です。

ハイクオリティなサービスが完備されたシニアマンションは、入居時の費用も月額費用も高額になることでしょう。15～20年近く先の話なので、現在の料金と比べてどれくらい値上がりしているかわかりませんが、準備は万端です。

配当金（年間240万円を予定）のほかに、60～70歳になれば20代から積み立てていた個人年金保険も満期を迎えます。公的年金は65歳からもらうのではなく68歳まで繰り下げるつもりなので、もらえる額は月額13万円、年間150万円。日々の生活には困りません。

シニアマンションに入ったあとも、さらに目標があります。晩年に、僕の地元の市へ、高規格救急車を寄贈したいと思っています。2020年、父が体調を崩したときに救急搬送でお世話になったので、この気持ちが強くなりました。

FIRE達成後のこれからの僕の活動は、ブログ『おけいどんの適温生活と投資日記』、およびツイッター（アカウントは@okeydon）をごらんください。FIREを目指す「同志」のみなさんのために、有益な情報をこれからも綴っていきます。

それではみなさん、何事にも「適温」でまいりましょう。

2021年3月吉日

桶井 道（おけいどん）

# 今日からFIRE！
# おけいどん式
# 40代でも遅くない退職準備＆資産形成術

2021年 3 月26日　第1刷発行
2023年12月 1 日　第2刷発行

著　者　桶井 道
発行人　蓮見清一
発行所　株式会社宝島社
〒102-8388　東京都千代田区一番町25番地
電話〔営業〕03-3234-4621〔編集〕03-3239-0927
https://tkj.jp
印刷・製本　中央精版印刷株式会社


ISBN978-4-299-01456-6